D1672747

SCHIRM DES GLÜCKS

DEIN PRAKTISCHER LEITFADEN, UM DA POSITIV ZU
DENKEN UND ZU BLEIBEN, WO MIESEPETER UND
DAUERNÖRGLER AUF DICH NIEDERPRASSELN

JOHANNES FREITAG

© Copyright: Johannes Freitag 2022 – Alle Rechte vorbehalten.

1. Auflage

Das Werk, einschließlich seiner einzelnen Teile, ist urheberrechtlich geschützt. Jegliche Verwertung ist ohne Zustimmung des Rechteinhabers unzulässig. Dies gilt insbesondere für die elektronische oder sonstige Vervielfältigung, Übersetzung, Verbreitung und öffentliche Zugänglichmachung.

INHALT

DEIN KOSTENLOSES DANKBARKEITSTAGEBUCH

„NICHT DIE GLÜCKLICHEN SIND DANKBAR. ES SIND DIE DANKBAREN, DIE GLÜCKLICH SIND!"

Francis Bacon

Nur ein paar Minuten täglich, für ein glücklicheres und erfolgreicheres Leben. Lade dir hier (als Gratis Bonus, exklusiv für Leser von Johannes Freitag's Büchern) dein KOSTENLOSES Dankbarkeitstagebuch herunter:

www.johannes-freitag.de/dankbarkeitstagebuch

Öffne ganz einfach deine Handkamera-App und richte den Fokus auf den QR code

JOHANNES FREITAG

EINLEITUNG

„Nichts ist so ansteckend wie schlechte Laune.“

— STENDHAL

Wenn sich deine Nachbarn über dich aufregen, dein Auto zum wiederholten Mal zugeparkt ist, du in der Bahn respektlos angerempelt oder gar beleidigt wirst – wenn das Leben dir den Stinkefinger zeigt, dann würdest du gern mit dem Finger schnippen und weg ist die unangenehme Situation. Doch so funktioniert das leider nicht.

Stattdessen beschert dir das Leben unangenehme oder lästige Situationen. Manchmal scheint es sogar so, als würden dir diese Alltagssituationen geradezu die Kraft rauben und du siehst oft keine Möglichkeit, dem angemessen zu begegnen.

Dir begegnen weniger wohl meinende Menschen, die deine gute Laune boykottieren, die alles schwarz und negativ sehen und alles schlecht reden. Solche Menschen können

einem den Tag so richtig vermiesen – und manchmal lassen sie dich auch mit Schuldgefühlen und Zweifeln zurück, die du nicht so einfach auflösen kannst.

Auch die Erfahrungen der letzten beiden Corona-Jahre haben dazu beigetragen, dass Menschen an ihre Belastungsgrenze kommen. Sie waren und sind noch eine große Herausforderung für fast alle Menschen. Einige nutzten diese ungewollte Pause als Weckruf für eine Bilanz und vielleicht ein positives Umschwenken, doch für die meisten war diese Zeit geprägt von Unsicherheit und Perspektivlosigkeit.

Die zusätzlichen mentalen und seelischen Anforderungen durch eine sich immer schneller verändernde Welt haben die Bereitschaft einiger erhöht, sich den Frust und den Ärger über die eigene vermeintliche Unfähigkeit von der Seele zu schaffen, indem sie die Schuld bei anderen suchen und Gelegenheiten für Streit und Abreagieren ausgiebig nutzen.

Es ist nachvollziehbar, dass Menschen aufgrund seelischer Belastungen, einer wirklich schwer wiegenden Krise oder existenzieller Not verunsichert, verzweifelt oder auch verärgert sind.

Unabhängig von Krisen und Konflikten sind jedoch viele Nörgler und Miesmacher unterwegs, die einfach nur um des Jammerns und Klagens willen ihren Mitmenschen auf die Nerven gehen. Diese Menschen haben kein Interesse daran, für sich selbst Verantwortung zu übernehmen und entscheiden sich lieber für das Jammern oder den Streit.

Negative Menschen haben eine grundsätzliche Abneigung gegen ein angenehmes Leben. Menschen mit einer positiven Grundhaltung sind ihnen zuwider. Deshalb wollen sie deren gute Stimmung wo immer möglich zerstören. So vorbereitet, gehen sie auf die Suche nach Opfern, an denen sie sich abreagieren können.

Es gibt sicher einige Menschen, denen es nicht bewusst ist, wie negativ sie auf andere wirken. Doch auch wenn sie es unbewusst machen, ist es für dich nicht weniger unerfreulich. Um diese Menschen geht es in diesem Buch – und um dich!

Auch ich mag weder schlechte Tage noch miese Stimmung und gehe davon aus, dass es dir ähnlich ergeht. Also sehen wir uns an, was wir dagegen tun können.

In den letzten Jahren habe ich viel ausprobiert und die im Buch beschriebenen Vorgehensweisen haben mir in vielen Situationen geholfen, diese Art von negativen Menschen auf Abstand zu halten und mit unangenehmen Situationen besser klarzukommen. Anhand verschiedener Ansätze und Methoden biete ich dir mehrere Möglichkeiten an, auf negative Einflüsse zu reagieren. Entscheide du, ob und was für dich passt.

Ausgeschlossen habe ich jegliche illegalen Maßnahmen, die dich möglicherweise ins Gefängnis bringen könnten, auch wenn sich solch eine Lösung bei einigen Menschen gelegentlich aufzudrängen scheint ...

Gerne möchte ich dir anbieten, mit Humor, Sachverstand und Souveränität auf herausfordernde Begegnungen zu reagieren. So kannst du dich hinterher darüber erfreuen, wieder mit Heiterkeit eine Hürde genommen zu haben. Wenn du erst mal Routine hast im Umgang mit dieser Spezies, wirst du mehr und mehr erkennen, wie wenig sie dir anhaben können, wenn du vorbereitet bist. Mit der Zeit erwirbst du Routine im Umgang mit unangenehmen Menschen oder Situationen. Du lernst, den Ereignissen die Dramatik zu nehmen und deine Energien sinnvoll einzusetzen. Dann freust du dich vielleicht sogar auf die nächste Gelegenheit, wenn dir wieder etwas oder jemand den Tag zu vermiesen will. Mir geht es gelegentlich so.

Ein Tipp möchte ich dir vorab geben: Bitte sei geduldig mit dir, wenn es dir nicht immer auf Anhieb gelingt. Wir haben unsere Verhaltensmuster über einen sehr langen Zeitraum entwickelt, genutzt und verfeinert. Daher braucht es etwas Zeit, bis wir neue Handlungsweisen verinnerlichen und diese zu einer täglichen Routine werden.

Dieses Buch widme ich euch allen da draußen, die ihr euch nicht mehr von alltäglichen Kleinigkeiten fangen lassen möchtet. Stattdessen lade ich euch ein, die wichtigen Momente des Lebens bewusst wahrzunehmen und zu genießen.

Meine Erfahrungen sollen euch unterstützen, eine neue Perspektive einzunehmen und vielleicht auch das eigene Weltbild gelegentlich zu überdenken.

Ich lade euch ein, sich auf das Leben und auf die negativen Ereignisse einzulassen, immer wieder passende Antworten zu finden und damit den Miesmachern und Nörglern dieser Welt gehörig auf die Nerven zu gehen.

Wenn du angemessen auf ein negatives Umfeld reagieren möchtest, ist Basiswissen über unser menschliches Denken und Handeln erforderlich. Mit diesem Wissen bist du in der Lage, negative Entwicklungen rechtzeitig zu erkennen und im Ansatz zu stoppen. Du lernst, sinnvoll zu handeln und Fallstricken auszuweichen. Damit kannst du einige Konflikte oder Anfeindungen von vornherein in ihrer Dramatik abschwächen.

Wir werden uns dem Thema von verschiedenen Seiten her nähern. So findest du Möglichkeiten, mit dem dich belastenden Menschen oder Umfeld umzugehen. Je nach Situation und persönlicher Befindlichkeit kannst du dich ausprobieren und herausfinden, was für dich am leichtesten umzusetzen ist.

Zunächst unternehmen wir einen Ausflug in die Psychologie und betrachten die Ursachen und Auswirkungen von Negativität im Alltag. Wir schauen uns an, woher diese Neigung zu destruktivem Verhalten kommt und welche Vor- und Nachteile dieses Konzept hat. Und warum sie in der Vergangenheit sogar wichtig war.

Dann betrachten wir unseren Umgang mit anderen sowie das Verhalten anderer uns gegenüber. Durch eine veränderte Sichtweise lernst du, Negativität von dir fernzuhalten und sogar positiv wandeln zu können. Von außen auf dich einwirkenden Impulsen kannst du damit den angemessenen Platz zuzuweisen. Gemeinsam mit dir möchte ich Antworten finden, die dich entlasten, ohne dein Gegenüber herabzusetzen.

Wir werden verstehen lernen, warum es anderen Menschen überhaupt möglich ist, uns zu verletzen und welche Motive und Beweggründe dahinter stehen könnten.

Dann erfährst du, welche Macht die Sprache hat und wie du sie nutzen kannst, um negativem Verhalten angemessen und wirkungsvoll zu begegnen. Du lernst zu verstehen, was in Gesprächen mit unserem Mitmenschen unter der Oberfläche passiert. Damit entwickelst du ein Verständnis, wie wir Menschen ticken, wo Fallstricke lauern und wie du darauf reagieren kannst. Du erfährst, wie du negativen Einflüssen und Situationen begegnen kannst, die von außen auf dich einwirken.

Wir selbst entscheiden, welche Menschen und Ereignisse Macht über uns erhalten oder auch nicht. Manchmal ist das nicht so leicht zu erkennen. Ich möchte dich gern darin unterstützen, diesen Weg mit Entdeckergeist und Freude zu gehen. Nebenbei wirst du noch einiges über die menschliche Psyche und die Tücken des Lebens erfahren.

Meine eigene Lebenskrise hat mir sehr deutlich gemacht, dass wir es oft selbst in der Hand haben, was in unserem Leben geschieht, wer uns beeinflusst und welche Wirkung das Erlebte auf uns hat. In den letzten Jahren habe ich verstanden, wie wichtig es ist, auf negative äußere Einflüsse so zu reagieren, dass sie mein Inneres nicht negativ belasten. Deshalb beginne ich mit einem persönlichen Beispiel, dass du sicher so oder ähnlich auch kennst:

Es ist einer dieser Tage, da wache ich morgens auf, bin ausgeschlafen, gut gelaunt und habe Sonnenschein im Herzen. Ich hüpfe freudig aus dem Bett, denn dieser Tag kann nur Gutes bringen.

Auf dem Weg in die Küche stolpere ich an der Türkante und stoße mir meinen großen Zeh an. Doch meine gute Laune lässt den Schmerz schnell verfliegen. Ich will mir Kaffee zubereiten, freue mich schon auf den ersten Schluck meines starken warmen Kaffees und stelle dann fest: Die Kaffeedose ist leer. Auch wenn das deutlich auf meine Laune drückt, beruhige ich mich – schließlich habe ich gute Laune – und im Büro gibt es ja auch einen Kaffee.

Ich steige ins Auto und fahre zur Arbeit. Plötzlich stehe ich in einem endlosen Stau und weiß jetzt schon, dass ich zu spät im Büro sein werde. Ok, ich nehme es gelassen, auch wenn ich schon etwas genervt bin. Ich mache meinen Lieblingssender mit den „Best of Oldies" an und motiviere mich damit. Jetzt geht es mir schon wieder etwas besser.

Im Büro angekommen, begrüßt mich mein Kollege Mark mit den Worten: „Beeil dich, der Chef wartet schon auf dich, gestern ist was schiefgelaufen." Spätestens jetzt ist bei mir, und vermutlich den meisten Menschen die gute Laune des Morgens dahin.

Was ist passiert? Ich bin gut gelaunt aufgestanden in der Erwartung, dass dies ein richtig toller Tag wird. Und dann kam das Leben, das nicht so perfekt gelaufen ist, wie ich es mir für heute gewünscht hatte.

Doch statt zu akzeptieren, dass das Leben ist, was es ist, nehme ich es persönlich, bin beleidigt oder gar verärgert darüber und lasse mir dadurch meine guten Gefühle nehmen.

Sicher hast du auch schon mal solche Tage erlebt und dir gewünscht, etwas dagegen tun zu können und diesen Verlust der guten Laune wieder rückgängig machen zu können oder gar ganz zu vermeiden. Vielleicht kann ich dir diesen Wunsch erfüllen.

Gewohnheiten, Routinen und das Bekannte sind natürlich bequem und gemütlich. Sie verlangen uns nicht viel ab. Das ist unsere sogenannte Komfortzone. Es ist der Bereich, in dem du weißt, was dich erwartet oder was passieren kann. Innerhalb der Komfortzone kannst du dich ausruhen und brauchst nicht aufmerksam sein.

Willst du jedoch diese Komfortzone verlassen, brauchst du etwas Mut, Neues auszuprobieren oder Unbekanntes anzunehmen. Menschen sind verschieden und so ist auch ihre Komfortzone. Einige Menschen finden es aufregend, Neues zu lernen und sich selbst immer wieder mal infrage zu stellen. Die meisten Menschen bevorzugen es allerdings, in ihrer Komfortzone zu bleiben.

Deshalb scheuen wir große Veränderungen und belassen alles, wie es ist. Nach dem Motto: „Lieber das bekannte Unglück als das unbekannte Glück". Doch manchmal reicht eine ganz kleine Veränderung im Verhalten oder der Sichtweise aus, um dir das Leben einfacher zu machen, um unangenehmen Situation den Schrecken zu nehmen oder sich von unfreundlichen Menschen zu lösen. Ich wünsche dir Mut, ab und zu den Schritt in unbekanntes Gelände zu wagen.

Anhand von typischen, unangenehmen Alltagssituationen wirst du erkennen, was in der jeweiligen Situation passiert und was du tun kannst, um dieses Ereignis für dich positiv zu verändern. Du eignest dir entsprechenden Strategien und Methoden an, um negativen Ereignissen so zu begegnen, dass du die Situation kontrollierst und nicht die Situation dich. Wenn du in Konfliktsituationen selbstsicher reagieren kannst, strahlst du das auch aus. Selbstbewusste Menschen vertreten ihre eigenen Meinungen, Interessen und Erwartungen und entscheiden situationsbezogen. Und sie akzeptieren die Meinung anderer. Damit reagieren sie angemessen auf das Ereignis. Diese Haltung schreckt negative Menschen ab.

Die Struktur des Buches wird dich darin unterstützen, das Gelesene im Alltag umzusetzen. Am Ende jedes Kapitels biete ich dir eine praktische Übung an, mit der du das erworbene Wissen für dich ausprobieren kannst und lernst, die Umsetzung zu verfeinern. Es kann hilfreich sein, diese Übungen immer wieder mal durchzuführen.

Wenn du in Zukunft Menschen oder Ereignissen begegnest, von denen du dich wieder in negative Gedanken oder Gefühle hineinziehen lässt, lies das jeweilige Kapitel noch mal und wiederhole die Übungen. Mit der regelmäßigen Praxis bekommst du Routine. So verbesserst du nach und nach deine Fähigkeit, dir deine gute Laune trotz aller Widrigkeiten von außen zu erhalten.

Vorausgesetzt, du willst das auch. In manchen Situationen hast du vielleicht das Bedürfnis, den Streit oder Konflikt zu wollen. Das kleine „Streitteufelchen" möchte freigelassen werden und sich austoben, auch gut. Nur sei dir bewusst: Dann ist es deine freie Entscheidung, einen Konflikt einzugehen. Und du kannst das Streitteufelchen auch jederzeit zurückrufen. Dafür biete ich dir eine Methode an, mit der du erkennst, auf welcher Stufe des Streits du dich gerade befindest. Es liegt dann an dir, wie weit du gehen willst.

Während des Lesens wirst du möglicherweise beschriebene Verhaltensweisen an dir selbst wieder erkennen. Das ist normal und gut so, denn es hilft dir, die sichtbaren und unsichtbaren Mechanismen wahrzunehmen und zu verstehen, wie Kontrolle funktioniert. Und du verstehst besser, dass du es dir möglicherweise oft schwerer gemacht hast, als es nötig gewesen wäre. Manche der Informationen werden dich vielleicht auch zum Nachdenken bringen. Dann nimm dir die Zeit dafür und warte mit dem Lesen des nächsten Kapitels.

Durch die Wahl der Mittel sowie durch eine veränderte Perspektiven lernst du anders auf deine Mitmenschen zuzugehen. Damit fällt es dir leichter, möglichen Konflikten etwas entgegenzusetzen. Mit der Zeit lernst du vielleicht sogar, Veränderungen fröhlich zu begrüßen. Dieser Perspektivenwechsel soll dich darin unterstützen, den äußeren Umständen die Wichtigkeit zu nehmen und ihnen mit einem Zwinkern zu begegnen.

Für eine bessere Lesbarkeit der Texte habe ich mich gegen das Gendern entschieden. Wo immer möglich, nutze ich die neutrale Form. Wo dies nicht möglich ist, nutze ich eine geeignete Form. Liebe Männer und Frauen, fühlt euch gleichermaßen angesprochen!

Das Buch ist wie folgt aufgebaut:

- **Kapitel 1-6** dienen der Hinführung zum Thema. Es soll dir Hintergrundwissen zum Thema Sprache und menschlichem Verhalten anbieten. Wenn du bereits Erfahrungen zu diesen Sachverhalten hast, wird es vielleicht ein paar Informationen oder Erklärungen geben, die du schon mal gehört oder gelesen hast. Ich lade dich trotzdem ein, es nochmals zu lesen. In der Wiederholung liegt oft die Chance, ganz neue Impulse zu bekommen.

- **Kapitel 7-11** beschreiben unterschiedliche Herangehensweisen an typische Alltagssituationen und unterstützen dich darin, negative Ereignisse durch deine Haltung mit einer gewissen Leichtigkeit zu umschiffen. Du erhältst Tipps und Anregungen zum Umgang mit unangenehmen Situationen und Menschen. Durch eine veränderte Betrachtungsweise findest du neue Perspektiven für deine eigene Weiterentwicklung.

- Im **letzten Kapitel** bekommst du verschiedene, einfache und praktische Methoden an die Hand, mit denen du effektiv auf unangenehmen Situationen reagieren kannst. Ziel dabei ist es, mit unangenehmen Situationen – von der kleinen Auseinandersetzung bis zu heftigen Konflikt – so umzugehen, dass du sowohl dich selbst als auch andere ernst nimmst. Weder du noch dein Gegenüber muss dann verletzt zurückgelassen werden.

Alle Kapitel sind in sich abgeschlossen und befassen sich mit einem Aspekt im Umgang mit Negativität im eigenen Umfeld. Da wir soziale Wesen sind, lassen sich Konflikte nie unabhängig vom Umfeld betrachten. Unangenehme Situationen wie Streit haben meist die Ursache in allen Menschen, die darin eingebunden sind. Deshalb ist der Blick auf die Situation und alle Beteiligten gerichtet. Und manchmal gibt es Menschen, die Negativität als Lebenszweck haben. Dieser Spezies habe ich ein besonderes Kapitel gewidmet, auch wenn sie natürlich teilweise in den anderen Kapiteln auch angesprochen werden.

WARUM ICH DIESES BUCH SCHREIBE

Bevor ich beginne, möchte ich dir etwas zu meine Motivation für dieses Buch erzählen.

Bis vor einigen Jahren hatte ich ein ziemlich normales Leben, einen guten Job, ich war verheiratet, liebte meine Frau und meine beiden Töchter. Doch dann änderte sich mein Leben in nur wenigen Sekunden.

Meine Frau und ich sind nach einer Party auf dem Rückweg mit dem Auto verunglückt, meine Frau ist noch am Unfallort verstorben. Ich selbst war einige Wochen im Koma und musste danach mehrere Monate in die Reha.

Du kannst dir sicher vorstellen, dass dies eine Zeit tiefster Verzweiflung, großer Schuld und totaler Perspektivlosigkeit war. Mein größter Halt in dieser Zeit waren meine beiden Töchter, heute 22 und 24 Jahre alt, die mich einerseits gebraucht, aber auch ermuntert und gestützt haben. Und es war eine Zeit des In-sich-Gehens, des Hinterfragens bisheriger Lebensziele und der großen Frage nach dem „Sinn des Lebens" insgesamt.

Meine Physiotherapeutin wurde zu meiner besten Freundin und engsten Vertrauten.

Sie hat mir geholfen, mein Leben neu zu betrachten und ihm eine neue Richtung zu geben – heute sind wir ein Paar.

Die Ereignisse der letzten Jahre haben mir etwas sehr Wichtiges offenbart, an dem ich dich gern teilhaben lassen möchte: Hier und heute leben, sich selbst nicht so wichtig nehmen und den Menschen und Situationen um mich herum die Wichtigkeit geben, die ihnen gebührt, nicht mehr und nicht weniger.

Das bedeutet vor allem, die Menschen wertzuschätzen, die mir wichtig sind. Darüber hinaus, die Ereignisse um mich herum nicht zu wichtig zu nehmen. Manchmal heißt das auch, nicht immer recht haben zu wollen, weil der Preis dafür oft sehr hoch ist. Ich musste mir all diese Erkenntnisse sehr mühsam erarbeiten. Deshalb biete ich dir die Gelegenheit, von meinen Erfahrungen zu profitieren und es vielleicht etwas einfacher zu lernen.

1
NEGATIVITÄT IM ALLTAG – WOHER SIE KOMMT

„Der Nörgler wird sogar im Paradies allerlei Fehler finden."

— HENRY DAVID THOREAU

---

*B*ewerten, Kritisieren, Jammern, Lästern. Das ist nur eine Auswahl auf der Klaviatur der negativen Verhaltensweisen, mit denen wir uns oder anderen das Leben schwer machen.

Durch Meckern, Schlechtmachen und rücksichtsloses Verhalten in Alltagssituationen gegenüber anderen geben uns Menschen in unserem Umfeld zu verstehen, dass sie besser sind beziehungsweise sein wollen.

Es ist der Versuch, Kontrolle auszuüben oder Macht zu demonstrieren. Es ist die Vorstellung, sich selbst damit zu erhöhen und seinen vermeintlichen Selbstwert zu steigern. Gerade in Deutschland ist die Grundhaltung der Unzufriedenheit ein Markenzeichen, ja beinahe eine Charaktereigenschaft.

Diese Erfahrung machte ich auch während meiner Reha. Wenn ich mich über meine positiven Genesungsschritte einfach nur gefreut habe, kam nicht selten als Antwort: „Warte lieber noch ab. Wer weiß, was noch passiert." Ich habe nicht verstanden, warum unbedingt noch „ein Haar in der Suppe" gefunden werden muss, um das Ergebnis nicht zu gut erscheinen zu lassen. Dieser Zweckpessimismus sollte mich vermeintlich schützen. Stattdessen hätte ich mir mehr positive Unterstützung gewünscht, ohne Wenn und Aber. Gesagt habe ich es damals jedoch nicht. Heute würde ich das machen.

TREIBER DER NEGATIVITÄT

Je nach Persönlichkeitstyp und Verhaltensmuster gibt es sicher unterschiedliche Varianten negativen Verhaltens. Manchen Menschen ist es nicht mal bewusst, wie sehr sie andere demotivieren, niedermachen oder verletzen. Für andere ist Streit, Ärger und Drama quasi tägliche Nahrung. Doch eine Emotion eint beide Gruppen – die Angst.

Zum einen sind da die evolutionsbiologischen Angstgefühle wie Furcht, Wut, Ekel und Trauer, die seit der Urzeit immer noch in uns wirksam sind. Zum Beispiel ist die Furcht ausgeschlossen zu sein heute sicher nicht mehr so bedrohlich, wie noch bei den Urzeitmenschen. Der Ausschluss aus der Gruppe hätte damals wahrscheinlich den sicheren Tod bedeutet. Heute ist es ein mehr oder weniger unangenehmes Gefühl, das aber nicht zwangsläufig zum Tod führt.

Zum anderen gibt es die sozialen Ängste: nicht gut genug oder ungeliebt zu sein, Angst vor schwindender Sicherheit oder

Kontrolle sowie vor mangelnder Anerkennung oder Wahrnehmung.

Darüber hinaus gibt es über 600 definierte Angststörungen, auf die wir hier aber nicht näher eingehen wollen. Diese Art Ängste gehören in die professionellen Hände von Fachleuten. Und trotzdem ist die Wahrscheinlichkeit hoch, dass du Menschen begegnest, die unter einer dieser Angststörungen leiden. Hier kann ich dir nur empfehlen, dich nicht darauf einzulassen.

Zum positiven Ausgleich steht nur das Urgefühl der Freude sowie die Verwunderung, die eher als neutral gewertet wird, zur Verfügung.

Doch eine Realität sollten wir anerkennen: Alle Menschen wurden im Laufe ihres Lebens irgendwann mal mehr oder weniger verletzt. Je nachdem, wie bedeutsam oder bedrohlich diese Erfahrung war, sind die Folgen für den Rest des Lebens ein Teil von uns. Und sicher ist auch: Wer verletzt wurde, wird verletzen. Negativität anderer ist oft ein verborgener Hilferuf.

Verletzte Gefühle und große Ängste machen bedürftig und brauchen eine Antwort. Das kann sich in Aggression, Trauer, Hoffnungslosigkeit, Rückzug oder anderen Spielarten ausdrücken. Um diese Gefühle und die Bedrohung dadurch zu vermeiden, entwickeln Menschen variantenreich unterschiedliche Schutz- oder Abwehrmechanismen.

Manche übernehmen die Opferrolle, suchen die Schuld beim Gegenüber. Andere entscheiden sich für den Angriff nach dem Motto: „Angriff ist die beste Verteidigung." Das Problem in beiden Fällen ist, dass das gewünschte Ergebnis der Anerkennung nicht erreicht wird.

Das Opfer erreicht durch die Vorstellung, die Welt sei ihm etwas schuldig, nur weitere Enttäuschungen. Damit wird dieser Mensch in der Vorstellung gestärkt, dass die Welt schlecht ist und braucht noch mehr, wird wieder enttäuscht, wieder bestätigt und so weiter.

Der aggressive Mensch hingegen meint, sich durch „Dampf ablassen" von seinen Emotionen zu befreien. Doch sein Verhalten wirkt negativ auf sein Umfeld und erreicht das Gegenteil. Wer will schon gern ohne Not der Punchingball eines anderen sein.

Ein altes Sprichwort meiner Mutter macht diesen Prozess deutlich: „Wie du in den Wald hineinrufst, schallt es heraus". Wir haben es somit oft in der Hand, wie der Kontakt zu einem anderen Menschen verläuft. Durch achtsamen Umgang mit anderen verletzt du weniger. Durch wachsames Beobachten siehst du eher, wenn jemand dich absichtlich manipulieren, demütigen oder verletzen will.

WAS PASSIERT IN UNSEREM KOPF?

Um diese Vorgänge im Gehirn zu verstehen, ist es hilfreich, sich das genauer anzusehen. Das zwischenmenschliche Miteinander funktioniert auf unterschiedlichen Ebenen. Bewusst wahrgenommene Situationen werden durch unbewusste Impulse gesteuert.

Ein Weg ist über die Spiegelneuronen. Italienische Forscher stellten die Hypothese auf, dass diese Spiegelneuronen Menschen befähigen, die Absicht einer fremden Aktion instinktiv zu verstehen. Ein Mensch registriert unterbewusst eine beobachtete Handlung oder Aktion, und die Spiegelneuronen machen diese Aktion nachvollziehbar und damit das Ergebnis vorhersehbar. Aufgrund dieser Spiegelneuronen reagieren wir und fühlen instinktiv negative Energien unserer Mitmenschen stark mit.

Zum Beispiel, wenn du siehst, wie sich jemand in den Finger schneidet, zuckst du unwillkürlich und reflexartig zusammen. Du kannst den Schmerz erahnen und reagierst, als ob du dir selbst in den Finger geschnitten hast. Dieser Vorgang läuft unbewusst ab. Das ist die Wirkung der Spiegelneuronen. Diese Fähigkeit macht den Menschen in der Evolution stärker und erhöht seine Chance zu überleben, weil bestimmte Erfahrungen nicht zwingend selbst gemacht werden müssen. Die nächste Stufe des Verständnisses auf bewusster Ebene wäre dann die Empathie, die aktiv gesteuert werden kann.

Kommen wir zurück zu unserem Opfer bzw. unserem dampfablassenden Menschen und zu einer weiteren Variante, Erfahrenes und Erlebtes zu verarbeiten, nämlich über die eigenen inneren Filter. Je nachdem, wie du – bewusst oder unbewusst – eine Situation bewertest, ist deine Reaktion positiv oder negativ.

Beispiel:

Du weißt, was eine Rose ist. Doch je nachdem, ob du Rosen magst oder nicht, wird deine Reaktion unterschiedlich sein. Entweder siehst du eine Pflanze mit vielen unangenehmen Dornen oder eine wunderschöne, einzigartig duftende Blume.

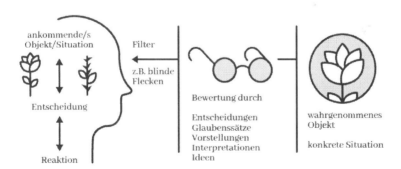

Ich mag keine Rosen, sie haben Dornen. Und wenn ich sie im Herbst herunterschneide, scheinen sie sich zu wehren. Jedenfalls sehe ich danach aus, als hätte ich gerade mit einem wilden Tiger um seine gerade erjagte Beute gestritten: mit Kratzern übersät.

Meine Partnerin dagegen findet Rosen schön. Natürlich, sonst hätten wir gar keine. Sie hat übrigens meistens keinen einzigen Kratzer, wenn sie Rosen schneidet.

Anthony Robbins, ein Motivationstrainer aus den USA, hat es mal so beschrieben:

„Where the focus goes, energy flows." Das bedeutet soviel wie: worauf ich mich konzentriere, das bekommt Energie. Bezogen auf die Rosen heißt das für mich, dass ich bereits erwarte, dass ich mich verletze. Ich habe also einen Negativfilter und dann passiert es auch. Im Gegensatz dazu meine Lebensgefährtin. Sie geht nicht davon aus, dass sie sich verletzt, also passiert es normalerweise auch nicht.

Im Alltag bedeutet es für das Opfer mit „Negativfilter", dass es eher negative Erfahrungen machen wird. Diese Konzentration auf das Negative unterstützt in der Folge die Vorstellung, dass „die Welt und die Menschen schlecht sind". „Ich habe sowieso immer Pech", „Mich mag sowieso keiner" und vergleichbare andere Negativfilter wirken hier. Wenn Du diesen Menschen begegnest, wirst du sie als verbittert, manchmal auch depressiv erleben. Das kann dann zu einer ablehnenden Haltung bei dir führen – und schon ist die Bestätigung für den Menschen mit Negativfilter wieder da.

Unsere „Dampfmaschine" wiederum erzeugt durch das eigene aggressive Verhalten im Umfeld ein hohes Maß an negativer Energie. Zum einen hat dies eine abwehrende Wirkung auf andere, die sich zu Unrecht angegriffen fühlen und dann möglicherweise ebenso aggressiv antworten. Zum anderen folgt dann sofort die „selbsterfüllende Prophezeiung", die eine Bestätigung dafür liefert, dass man sich wehren muss, um zu überleben. Und das Dampfablassen hat nur einen sehr kurzfristigen Effekt.

Mit ihrer selbstzerstörerischen Haltung erschaffen sich negative Menschen mehr von der gleichen unerfreulichen Realität.

Übrigens gibt es noch eine indirekte Form der Aggression, die oft nicht ganz so offensichtlich ist. Diese äußert sich eher subtil durch Intrigen, Feindseligkeit, Lügen oder abwertende oder kalte Blicke. Manchmal äußert sich das auch darin, dass Bündnisse gegen die ungeliebte Person geschmiedet werden oder sogar absichtlich Fehler provoziert werden. Diese Form der Aggression ist besonders heikel und kann nicht nur verletzen, sondern eine Firma auch viel Geld kosten, wenn sich Mitarbeiter so verhalten.

WARUM NEGATIVITÄT NICHT NUR SCHLECHT IST

Warum aber ist es nicht genau andersherum? Warum begeistern wir uns nicht für das Positive, streben es konsequent an und pflegen unseren Optimismus? Woher kommt dieser Wunsch, die Welt eher negativ zu sehen?

Hier kann uns wieder die Evolutionsbiologie helfen. Stell dir vor, du bist ein Urzeitmensch, streifst ganz entspannt mit deinen Kumpels durch die Steppe auf der Suche nach Nahrung. Plötzlich hörst du ein Rascheln im Gras hinter dir.

Wenn du jetzt positiv denkst und davon ausgehst, dass schon nichts passieren wird: „Ach, das ist nur der Wind:" Dann ist es sehr gut möglich, dass du und deine Kumpels in wenigen Sekunden das Mittagessen des Säbelzahntigers oder anderer Fressfeinde seid.

Wenn du jedoch negativ denkst und das Schlimmste erwartest: „Oh, das ist gefährlich" und ihr euch in Sicherheit bringt, ohne genau zu wissen, welche Gefahr da lauert. Dann werdet ihr wahrscheinlich überleben.

Robert Sussman, ein amerikanischer Anthropologe an der Washington Universität in St. Louis korrigierte die bis dahin vorherrschende Auffassung. Gemeinschaftlich koordiniertes Handeln diente nach seiner Erkenntnis nicht zur fröhlichen, überlegenen Jagd auf ein vielversprechendes Menü, sondern zur Abwehr des Stärkeren.

Anhand von Bissspuren in menschlichen Knochen konnte er nachweisen, dass Raubtiere offenbar ihrerseits Jagd auf die damals noch erheblich kleineren Menschen gemacht hatten. Darunter waren der berüchtigte Säbelzahntiger, Urzeit-Hyänen, gewaltige Krokodile, aber auch Raubvögel, die unseren Ahnen aufgelauert haben.

Nehmen wir ein anderes Beispiel: Wenn du die Tür zu einem dunklen Raum öffnest, dann wirst du diesen Raum sicher nicht mit freudiger Erwartung auf ein schönes Geschenk betreten. Du wirst vielmehr sehr pessimistisch reagieren, dich vorsichtig in den Raum hinein tasten und mit dem Schlimmsten rechnen. Es könnte ja ein Abgrund auf dich warten oder ein Säbelzahntiger aus der Dunkelheit auf dich zuspringen, auch wenn Säbelzahntiger im 21. Jahrhundert längst ausgestorben sind.

Deswegen reagieren wir in Horrorfilmen auf verborgene Monster, die aus dem Dunkel kommen, so schreckhaft. Unsere Überlebensängste vorm Fallen oder vor einem lauten Knall schützen uns seit Jahrmillionen vor Gefahren und sind so tief in uns verankert, dass wir diese nicht bewusst steuern können.

Könnte es dieses defensive Schlüsselerlebnis sein, das unser Gehirn bis heute prägt? Lange vor Sussmans Erkenntnissen hat es die Glücksforschung schon geahnt: „Angst, Trauer, Wut brachten unsere Vorfahren dazu, um beim leisesten Rascheln im Gebüsch jede noch so fette Jagdbeute zu vergessen und sich in Sicherheit zu bringen", schrieb Stefan Klein in seinem Buch.

Das ist einleuchtend, denn während man sich eine Beute mehrfach im Leben entgehen lassen kann, hat man nur eine einzige Chance, wenn man selbst die Beute ist.

Und es wäre eine logische Erklärung dafür, dass wir noch heute das Risiko stärker scheuen, als wir das Glück suchen. Damit hätte der Psychologe Paul Watzlawick recht, der davon ausging, dass Menschen mit mehr als drei aufeinanderfolgenden Tagen des Glücks nicht zurechtkommen. Danach verspüren sie den Drang, sich selbst zu boykottieren.

WARUM UNS LÄSTERN BEI DER ARBEIT GUTTUT

Auch Klatsch und Tratsch am Arbeitsplatz scheint zunächst eine negative menschliche Eigenart und ist im Allgemeinen nicht gut angesehen. Doch sicher kennst du das wohlige Gefühl, wenn du dir mit einer Kollegin einig bist, dass die Mittagspause dringend um zehn Minuten verlängert werden müsste oder du dich gemeinsam mit ihr über anstrengende Kunden oder die hohe Arbeitsbelastung vertrauensvoll austauschst.

Elena Martinescu forscht als wissenschaftliche Mitarbeiterin der Freien Universität Amsterdam zum Thema Klatsch und Tratsch. Sie hält Klatsch im Allgemeinen für eine gute Sache. Die Forschung zeigt auch, dass der meiste Klatsch ziemlich harmlos ist.

Nach der Evolutionstheorie erleichtert Klatsch und Tratsch die Zusammenarbeit in einer Gruppe. Durch Gespräche über andere lernst du, mit wem du zusammen arbeiten und von wem du dich fernhalten solltest. Es unterstützt dich, dein Bauchgefühl zu bestätigen und herauszufinden, wie andere Menschen zu Dingen stehen. Es hilft dir beim Vergleich, wie du und andere die Welt wahrnehmen. Es geht um das Sammeln von Informationen.

Dieses tief verwurzelte Verhalten findest du auch heute im beruflichen und privaten Alltag. Gerade in den letzten beiden Jahren durch vermehrtes Homeoffice haben viele Berufstätige den Austausch mit Kollegen vermisst, nicht zuletzt Klatsch und Tratsch.

Der positive Nutzen von Klatsch und Tratsch endet jedoch da, wo es um deutliche Herabsetzungen anderer geht, zum Beispiel über das Aussehen oder die Kleidung einer Person. Das dient keinem positiv-verbindenden Zweck und ist daher als negativ, schädlich und problematisch einzustufen.

ÜBUNG

Diese Übung soll dich sensibilisieren für die Ausrichtung deiner alltäglichen Gedanken.

Sind sie eher positiv oder eher negativ? Wie beeinflussen sie dein Handeln?

1. Höre für einen Tag deinem inneren Kritiker zu.
2. Welche Urteile fällst du? Wenn möglich, notiere sie und schaue sie dir abends an.
3. Wie denkst du über Kollegen, Freunde, Nachbarn? Eher positiv verstehend, eher negativ wertend oder eher sachlich neutral?
4. Was immer du bei dir beobachtest. Das ist es, was du in die Welt schickst. Und damit ziehst du ungewollt bestimmte Menschen in dein Leben.

Beispiel:

Dein Nachbar kommt nach der Arbeit nach Hause und dreht dann ein paarmal pro Woche für 15 Minuten seine Musik laut auf.

Wie reagierst du?

- Neutral: „Ach ja, er muss erst mal vom Arbeitsstress abschalten, in ein paar Minuten ist das vorbei."
- Negativ: „Oh Mann, schon wieder dieser Lärm. Dem geige ich jetzt mal gehörig die Meinung."
- Positiv: „Er hatte offenbar einen harten Tag. Gut, dass er sich mit der Musik abreagieren kann."

Je nachdem, wie du reagierst, schaffst du dir oder auch deinem Nachbarn positive oder negative Energie.

2
DU KANNST NICHT NICHT KOMMUNIZIEREN

„Gewöhnlich hören die Menschen etwas anderes, als man sagt."

— JOSEPH STANISLAUS ZAUPER

---

*V*on dem Moment an, als unsere Urahnen ihre ersten Laute von sich gaben, waren Missverständnisse vorprogrammiert. Die Menschen sind zu verschieden und unsere Welt wird zunehmend komplexer. Damit wird es immer schwieriger, sicherzustellen, dass unser Gegenüber uns richtig versteht. Digitale Medien tragen auch nicht gerade dazu bei, dass es einfacher wird. Im Gegenteil: Bei Nachrichten per SMS oder E-Mail fehlen uns die wichtigen Eindrücke aus Gestik, Mimik, Tonhöhe und -intensität sowie Blickkontakt. (Nein, Smiley und Emojis sind kein adäquater Ersatz). Wir erhalten nur die Fakten. Damit bleibt viel Spielraum für Interpretation.

Daher wird es immer wichtiger zu lernen, eindeutig zu kommunizieren. Leider lernen wir als Kinder in der Schule nichts darüber, wie gelungene Kommunikation funktioniert. Wir alle müssen es daher durch tägliche Fehler bis ins hohe Erwachsenenalter mühsam lernen.

Wir werden nachfolgend einen kurzen Ausflug in die Kommunikation machen. Zum einen, um unsere Mitmenschen besser verstehen zu können. Zum anderen ist ein Grundverständnis der Kommunikation hilfreich, um sich gegen negative, auch toxische Menschen durchsetzen zu können.

WIE WIR KOMMUNIZIEREN

Der Begriff Kommunikation leitet sich von dem lateinischen Wort „communicatio" ab, was Mitteilung oder Unterredung bedeutet. Gemeint ist die Verständigung untereinander. Also der Austausch zwischen Menschen mithilfe von Sprachen oder Zeichen. Dabei steht ein Sender einem oder mehreren Empfängern gegenüber.

Wir sind oft nicht geübt im konstruktiven Austausch mit anderen, deshalb gehören Konflikte zu unserem Alltag. Wie auch immer wir uns verhalten, wir werden Konflikte nicht ganz vermeiden können. Schon als kleines Kind stritten wir uns darum, wer mit welchem Spielzeug spielen darf. Wir hatten Meinungsverschiedenheiten mit unseren Eltern darüber, wann wir ins Bett müssen oder ob wir mit Freunden ins Kino dürfen. Als Erwachsene streiten wir über Alltagsthemen oder eigene Wünsche und Vorstellungen. Die Frage ist oft nur, wie wir unsere Wünsche äußern oder unsere Konflikte und Streitgespräche klären.

Um unsere Kommunikation zu verbessern und mögliche Interpretationsfehler ausschließen zu können, müssen wir verstehen, wie Kommunikation funktioniert. Wenn wir verstehen, was wichtig ist, können wir Probleme rechtzeitig erkennen und darauf reagieren.

Der Psychologe Paul Watzlawick hat den Satz geprägt: „Man kann nicht nicht kommunizieren." Das bedeutet, wo wir gehen, stehen und Menschen begegnen, kommunizieren wir. Wir kommunizieren durch unsere Körperhaltung und unseren Blick, ohne auch nur ein Wort zu sagen.

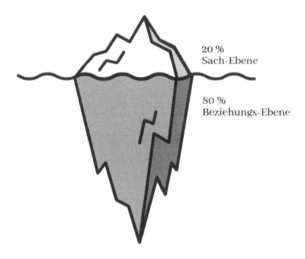

Wenn wir sprechen, kommunizieren wir außerdem ergänzend durch unsere Gesichtsmuskeln, unsere Hände, durch Mimik, Gestik, Tonfall und Lautstärke. Wir unterstützen damit die Interaktion mit unseren Mitmenschen. Kommunikation ist das Mittel der Verständigung zwischen Menschen. Doch dieses Werkzeug ist leider sehr anfällig für Störungen und Fehlinterpretationen. Dann entstehen Streitigkeiten, Missverständnisse und Unzufriedenheit. Watzlawick unterscheidet hier die (sichtbare) Sachebene der Fakten und die (unsichtbare) Beziehungsebene. Also, wie ich zu der anderen Person stehe.

Bei der zwischenmenschlichen Kommunikation geht es nie nur um die Sachebene. Diese macht nur einen geringen Teil des großen Kuchens aus. Das Eisberg-Modell wird in der Konflikt-Forschung zur Klärung benutzt. Es besagt, dass ein Sachkonflikt in der Regel nur die Spitze des Eisbergs darstellt, die über der Wasseroberfläche zu sehen ist. Der größere (und gefährlichere) Teil des Eisbergs befindet sich unter der Oberfläche der Kommunikation.

Das bedeutet, der viel größere Teil einer Nachricht spielt sich auf der Beziehungsebene ab. Und die ist alles andere als sachlich. Alles, was wir sagen oder hören, wird durch unsere eigenen subjektiven Erfahrungen beeinflusst. Dabei spielt es unter Umständen keine Rolle, was dein Gegenüber wirklich gesagt oder gemeint hat.

KOMMUNIKATIONSFALLE

Ich möchte das an einem Beispiel erläutern:

Du planst mit deinem besten Freund einen gemeinsam Urlaub. Du sagst: „Lass uns Urlaub machen und Zeit miteinander verbringen." Dein Freund stimmt zu.

Auf der Sachebene habt ihr euch für einen gemeinsamen Urlaub entschieden. Auf der Beziehungsebene geht es jedoch vielleicht um mehr.

Dein Freund ist vielleicht zufrieden damit, wenn ihr gemeinsam Sehenswürdigkeiten besucht. Du wolltest die Zeit jedoch nutzen, um über wichtige Themen zu sprechen. Gesagt hast du es jedoch nicht, doch du erwartest es. Wenn ihr eure gemeinsamen Erwartungen an die gemeinsame Zeit nicht vorher klärt, kann es zu sehr unangenehmen Streitgesprächen kommen.

Erwartungen spielen sich oft in der Fantasie ab. Ihr malt euch aus, wie es im Urlaub sein wird, merkt aber vielleicht nicht, dass es nicht zusammen passt.

Es kann dann geschehen, ihr sprecht oder diskutiert über ein eher sachliches Thema. Plötzlich bekommt das Gespräch eine ungewöhnliche Wendung und es wird emotional oder sogar persönlich.

Du sagst dann vielleicht einen Satz wie: „Was ist denn los? Das habe ich doch gar nicht so gemeint." Kennst du das? Hier ist die Kommunikationsfalle zugeschnappt und das Missverständnis ist geboren. Jetzt wird es für dich sehr schwer, den Sachverhalt aufzuklären. Oft scheitert der Versuch, weil mehr Erklärungen das Missverständnis meist noch größer machen.

Sicher kennst du solche Situation, in der jemand etwas zu dir gesagt hat, das dich sehr verletzt hat. Die andere Person hat dies aber möglicherweise völlig anders gemeint. Wenn sich nun keine Möglichkeit ergibt, dieses Missverständnis auszuräumen, bist du vielleicht den ganzen Tag etwas angefressen. Wenn es ganz blöd läuft, bekommt die nächste Person auf deinem Weg diesen Ärger ab.

Nach Aussage des Psychologen Paul Watzlawick hat das einen guten Grund. Er geht davon aus, dass die Beziehungen den Inhalt prägen. Ist die Beziehung der beiden Gesprächspartner gestört oder stehen ungeklärte Fragen im Raum, stört dies auch häufig die Wahrnehmung dessen, was ist.

Ein Beispiel:

Dein Nachbar hat letzte Woche Blumenerde auf der Treppe verschüttet und diesen Dreck zwei Tage lang nicht entfernt. Du bist immer noch sauer auf ihn, weil du deshalb in diesen Tagen regelmäßig durch den Dreck laufen musstest. Du hast ihm das aber nicht gesagt.

Heute fragt er dich, ob du seine Zeitung gesehen hast, sie lag auf der Treppe und jetzt ist sie nicht mehr da. Wenn dein früherer Ärger über den Nachbarn noch ungeklärt ist, reagierst du jetzt vielleicht beleidigt darauf und antwortest: „Ich habe Ihre Zeitung nicht genommen", auch wenn er dir das gar nicht unterstellt hat.

Kennst du solche Missverständnisse?

Ein anderes Beispiel:

Du triffst auf der Straße einen ehemaligen Kollegen, mit dem du dich nie sonderlich gut verstanden hast. Er begrüßt dich überschwänglich und erzählt dir, dass er jetzt Kapitalanlagen vermittelt.

- Auf der **Sachebene**: Er arbeitet im Finanzsektor.
- Auf der **Beziehungsebene**: Er ist sehr freundlich. Vermutlich, weil er dich als Kunden gewinnen will.

Du brauchst hier sicher keine fachliche Meinung. Dein Bauchgefühl hat dich wahrscheinlich schon zu Recht gewarnt, als er dich freundlich begrüßt hat. Hier ist seine oberflächliche Freundlichkeit Mittel zum Zweck für ein unter der Oberfläche verborgenes Motiv, nämlich dir Kapitalanlagen zu verkaufen.

Dein Bauchgefühl oder besser, dein Instinkt ist ein guter Gradmesser dafür, wer es gut mit dir meint und wer nicht. Unsere Sinne sammeln weit mehr Informationen als unser Bewusstsein verarbeitet. Damit hat unser Bauchgefühl mehr Informationen zur Verfügung und kann bessere Schlussfolgerungen ziehen. Deshalb nutze diese Impulse. Sie können dich vor negativen Erfahrungen beschützen.

Oder wie die nachstehende Situation, die sicher alle schon mal in dieser oder in abgewandelter Form erlebt haben.

Meine Nachbarin Frau Clemens ist speziell. Wenn sie mich oder auch andere Nachbarn sieht, steigt ihre Stimme eine Oktave an und sie ruft laut und überschwänglich mit sehr hoher Stimme: „Herr Freitag! Ist das schön, Sie zu sehen."

Ich weiß dann, sie möchte mich in ein ausführliches Schwätzchen verwickeln. In mir verkrampfen sich alle Muskeln und der

Körper schaltet auf Flucht. Doch als erwachsener Mann vor einer 70-jährigen Frau davonzulaufen, sähe schon etwas albern aus, oder?

Also bleibe ich stehen, setze mein gewinnendes Lächeln auf und begrüße sie freundlich: „Hallo Frau Clemens, wie geht es Ihnen?" Diese Frage solltest du übrigens nur stellen, wenn du wirklich eine Antwort haben willst. Als gesellschaftliche Konversation taugt sie nicht mehr, weil viele Menschen heutzutage ein hohes Redebedürfnis haben und diese Frage gelegentlich als aktive Aufforderung zu langen Gesprächen verstehen.

Was nun kommt, kennst du sicher auch. Frau Clemens erzählt mir von ihrem Hund, ihrem Kanarienvogel, ihrer Familie oder was ihr sonst noch wichtig ist. Ich trete währenddessen von einem Fuß auf den anderen, sage kein Wort und suche eine Sprechpause, um mich verabschieden zu können. Nach etwa 15 Minuten gelingt es mir. Was glaubst du, mache ich nächstes Mal? Vermutlich dasselbe, bis ich eine andere Strategie habe.

Frau Clemens kann nichts dafür, dass sie mir gelegentlich auf die Nerven geht, weil ich es ja nicht gesagt habe. Leider kennt sie sich aber auch nicht in Psychologie aus und ignoriert mein Hin- und Hertrippeln als Hinweis meines mangelnden Interesses. Oder es ist ihr egal.

Schauen wir uns die Situation genauer an:

Auf der Sachebene ist gar nichts Dramatisches passiert: Frau Clemens hält ein freundliches Schwätzchen mit mir. Ich will allerdings kein Gespräch führen. Auf der Beziehungsebene interpretieren wir:

Frau Clemens freut sich wohl wirklich, dass sie mit jemandem ihre Neuigkeiten austauschen kann. Ich jedoch fühle mich eingeschränkt, vielleicht sogar belästigt.

Wenn ich jetzt nicht aufpasse oder mir das Prinzip nicht bewusst ist, könnte ich bei nächster Gelegenheit unfreundlicher reagieren, als die Situation es erfordert.

Zum Beispiel könnte ich sagen: „Frau Clemens, ich habe einen Termin und muss dringend weg!", auch wenn es nicht stimmt. Ich sage das vielleicht mit einem leicht oder deutlich genervten Unterton.

Frau Clemens wird diesen Unterton bemerken und sich fragen, warum ich so unfreundlich bin und wird nicht verstehen, was los ist. Das erzählt sie dann meiner anderen Nachbarin, die es dann vielleicht meiner Freundin erzählt. So jedenfalls erfahre ich meist, wenn ich mich „unangemessen" verhalten habe.

Das bedeutet, wenn ich jemanden nicht mag oder ein früherer Konflikt ungelöst ist, kann sich dieses Gefühl in meinem Tonfall oder meiner Mimik ausdrücken, selbst in einem sachlichen Gespräch über das Wetter. Mein Gegenüber wird diese negative Reaktion unbewusst bemerken und sich bestenfalls verwundert abwenden.

Im ungünstigen Fall reagiert mein Mitmensch auf meine eher banale Bemerkung über das Wetter, wie „Schon wieder Regen" gereizt oder patzig – und du wunderst dich, warum er so schlechte Laune hat.

Wenn dir nicht bewusst ist, was du kommunizierst, kann es dir passieren, dass ein Gespräch in die falsche Richtung läuft und du kannst dir nicht erklären, warum das Gespräch so aus dem Ruder gelaufen ist.

ÜBUNG

Mit der nachstehenden Übung sensibilisierst du dich dafür, was wirklich gesagt wird. Gerade im Umgang mit schwierigen

Menschen ist dies ein hilfreiches Instrument. Je öfter du diese Übung durchführst, umso besser und schneller erkennst du die unbewusste Ebene des Gesagten und kannst angemessen darauf reagieren.

1. Beobachte für einen Tag deine Gespräche.
2. Achte darauf, was jemand sagt und spüre, ob das Gesagte für dich authentisch klingt oder ob eine unterschwellige Botschaft mitschwingt.
3. Beobachte deine Reaktionen auf das Gesagte von anderen mit dem Fokus auf Uneindeutigkeit. Stimmt das Gesagte mit deiner Beziehung zu der Person überein?

Zum Beispiel:

- Du grüßt deinen Nachbarn morgens freundlich mit einem Nicken, er grüßt freundlich zurück. Sach- und Beziehungsebene stimmen wahrscheinlich überein, wenn ihr nicht eng befreundet seid. Du wirst es als authentisch und stimmig wahrnehmen.
- Du grüßt deinen Nachbarn morgens freundlich mit einem Nicken, er grüßt zurück. Doch du bemerkst bei ihm einem genervten Gesichtsausdruck und Tonfall. Sach- und Beziehungsebene scheinen nicht übereinzustimmen. Trotzdem muss es nichts mit eurer Beziehung zu tun haben — es kann sein, dass er sich gerade mit seiner Frau gestritten hat und jetzt krampfhaft bemüht ist, trotzdem freundlich zu dir zu sein.

Bei dieser Version kann es sein, dass du aufgrund des nicht stimmigen Eindrucks unterstellst, dass er unfreundlich ist oder über dich verärgert. Das kann dazu führen, dass du dich von ihm schlecht behandelt fühlst und bei der nächsten Begegnung entsprechend negativ reagierst.

Du siehst, es braucht etwas Übung, um hinter die jeweiligen Motive zu blicken.

3

SPIELE DER ERWACHSENEN

„Bevor du mit dem Kopf durch die Wand willst, frage dich: Was will ich im Nebenzimmer?"

— UNBEKANNT

---

*E*ric Berne, Begründer der Transaktionsanalyse (Erklärung menschlicher Beziehungen) hat seine Umgebung mit viel Sachverstand und Humor beobachtet. Dabei ist ihm aufgefallen, dass wir alle Spiele spielen, um zu erreichen, was wir wollen. Er bezeichnet diese psychologischen Spiele als „verdeckte Transaktionen", die er als Ehe-, Party-, Sex-, Räuber-, Doktor- und Lebensspiele betitelt. Funktion und Nutzen dieser Spiele sind vielfältig, auch wenn sie oftmals im unbewussten Bereich der Spielenden sind.

DIE 3 SPIELARTEN

Berne unterscheidet drei grundsätzliche Arten des Nutzens dieser Spiele:

- Im **sozialen Bereich** dienen die Spiele der Struktur und der Stimulation, vereinfacht könnte man sagen: Die Spielenden suchen den emotionalen Kick, doch ohne die Gefahren emotionaler Enttäuschung. Über das Spiel lassen sich Gefühle ausdrücken, was ohne dieses Hilfsmittel nicht möglich scheint.

- Im **psychologischen Bereich** geht es um die Flucht vor sozialer Nähe und allgemein vor Situationen, die gefürchtet und vermieden werden. Doch sie wollen nicht vollständig auf Kontakte und Nähe verzichten. Da die Spielenden in der Kindheit nicht gelernt haben, Gefühle und Bedürfnisse auszudrücken, werden durch das Spiel stattdessen Ersatzgefühle simuliert. Zum Beispiel will ich Nähe, habe aber gleichzeitig Angst davor. Also schafft der Spielende über ein Spiel zum Beispiel einen Konflikt, der vermeintlich Nähe bietet, aber gleichzeitig das Gegenüber auf Abstand hält.

- Auf **biologischer bzw. existenzieller Ebene** werden bekannte, wenn auch ungute oder gar gefährliche Erlebensweisen von anderen eingefordert. Der Spielende ist zumeist von negativer Zuwendung durch Schläge, Beleidigungen oder psychischen Verletzungen gekennzeichnet. Wenn ein Kind zum Beispiel erlebt hat, dass es nur durch negatives Verhalten die Zuwendung der Eltern erhalten hat, kann sich das im Erwachsenenalter durch ähnliche Verhaltensweisen äußern. Ein typisches Beispiel wäre, jedes Gespräch zum Streit werden zu lassen, weil Entspannung vermeintlich dazu führen könnte, dass ich die Aufmerksamkeit des Gegenübers verliere.

Berne geht davon aus, dass die Spielenden grundsätzlich nicht böse sind. Es geht aber immer um Bedürftigkeit. Menschen, die diese Spiele spielen, haben in der Kindheit erlebt, dass sie nur mit Manipulation überleben können. Diese Konzepte wurden nie hinterfragt oder angepasst.

WAS BRINGEN DIESE SPIELE?

Wenn wir spielen, erfüllen wir uns damit unsere Bedürfnisse mit gewohnten, aber überholten Strategien aus der Kindheit. Diese Strategien bestätigen uns unser Weltbild. Die Spielenden sind mit genügend Übung richtig gut darin, diese Spiele zu spielen. Deshalb wird es manchmal schwer, sich davon zu verabschieden und auf angemessenere, aber ungewohnte Lösungen zu setzen.

Die Spiele haben somit einen Wert für den Spielenden:

- Aufmerksamkeit zu erhalten (wenn auch negative),
- unangenehme Situationen zu vermeiden sowie
- keine Verantwortung übernehmen zu müssen.

Als Erwachsene haben wir grundsätzlich bessere Möglichkeiten, um unsere Bedürfnisse zu befriedigen, als auf Strategien aus unserer Kindheit zurückzugreifen. Einige Menschen haben das jedoch nicht gelernt und nutzen diese Form, um ihre Ziele zu erreichen. Und wenn du nicht aufpasst, hast du schneller in diesem Spiel verloren, als es dir bewusst wird. Dabei wusstest du nicht einmal, dass du überhaupt mitgespielt hast.

Die Spiele und Manipulationen der anderen, aber auch die eigenen Spiele zu durchschauen, macht dich sensibel für die unterschiedlichsten Manipulations- und Boykottstrukturen. Es hilft dir, den Weg zu einer konstruktiveren Lebensführung zu ebenen. Darüber hinaus nützt dir dieses Wissen, persönliche, familiäre und gesellschaftliche Krisensituationen des Alltags konstruktiv zu umschiffen, sie zu kontrollieren und in angemessenere Bahnen zu lenken.

LASST DIE SPIELE BEGINNEN!

Die Gesetzmäßigkeiten der Spiele sind geprägt von einer Kommunikation auf mehreren Ebenen. Das wichtigste Ziel ist es, sich selbst oder andere abzuwerten. Damit die Spiele beginnen können, muss der Spiel beginnende auf einen wunden Punkt oder einen Auslösereiz beim Gegenüber treffen.

Dieser so Getroffene reagiert instinktiv und steigt damit in das Spiel ein. Spielbeginnende haben meist ein untrügliches Gespür für die wunden Punkte ihrer Mitmenschen. Durch Verallgemeinerungen, Behauptungen oder auch durch Missachten von Bedürfnissen treffen sie die Trigger oft ganz genau.

In dem Spiel sind drei Rollen zu vergeben. Diese Rollen lassen sich von zwei oder drei Personen spielen und werden gern während des Spiels vom Spielbeginnenden nach Bedarf getauscht:

DIE ROLLEN

1. Rolle – Opfer:

Die innere Haltung ist: „Andere sind schuld, dass es mir so schlecht geht" und „Ich selbst kann daran nichts ändern." Menschen in der Opferrolle sind auf der Suche nach dem Retter und finden diesen meist sehr zielsicher.

2. Rolle – Täter oder Verfolger:

Der Täter oder Verfolger ist Verursacher des Leids und zeichnet sich durch rechthaberisches Verhalten aus. Seine innere Haltung ist: „Du bist schuld und nicht ich." Macht er einen Fehler, so gibt er anderen die Schuld. Andere werden in die Defensive gedrängt. Er ist sich stets sicher, recht zu haben und wird andere zur Rechenschaft ziehen.

3. Rolle – Retter:

Dieser soll den Verfolger abschütteln und das Opfer retten. Die innere Haltung ist:

„Das mache ich für dich" und „Das kann ich." Er ist stets hilfsbereit. Das bedeutet, die gesamte Verantwortung für eine Aufgabe wird gern und unmittelbar übernommen. Er ist zur Stelle, sobald er nur ahnt, dass Hilfe gebraucht wird. Der Retter hat ein besonderes Gespür für Opfer, die besonders hilfsbedürftig sind.

DIE SPIELFORMEL

1. Attraktives Angebot, Falle, Köder auslegen: Der Trick besteht darin, dass Spieler A bei sich oder beim anderen etwas übersieht oder missversteht oder verzerrt darstellt. Dies ist ein "Köder", der den Auslöser für das Spiel darstellt.
2. Spielinteresse des anderen, Einsteigen oder Schlucken des Köders: Wenn Spieler B mit dem "Trick" an einem

"wunden Punkt" getroffen wurde, dann steigt er in das Spiel mit ein.

3. Harmlose Reaktion und Austausch von Aufmerksamkeiten: sollen Spieler B in Sicherheit wiegen.

4. Je nach Spielverlauf kann es zum Rollenwechsel des Einladenden kommen, zum Beispiel vom Opfer „Ich leide" zum Verfolger „Du lässt mich leiden."

5. Oder Spieler A (der Einladende) wechselt vom scheinbar vernünftigen sachlichen Gespräch in einen anderen erfolgversprechenderen Modus. Je nach Zielsetzung kann das Verhalten des Spielers A von hilflos: „Ich weiß nicht, was ich tun soll" bis fordernd: „Wenn du mir nicht hilfst, sind wir keine Freunde mehr" variieren. Das hängt davon ab, was Spieler B eher zum gewünschten Verhalten veranlasst.

6. Überraschung des Eingeladenen: Was ist passiert? Spieler B erkennt den Wechsel und reagiert auf das Gesprochene verblüfft oder verärgert. Damit endet in der Regel das Spiel.

7. Ergebnis für beide: negative Gefühle. Eric Berne geht allerdings davon aus, dass der Spielbeginnende, in diesem Fall Spieler A, dieses Ergebnis gewünscht hat, um damit (negative) Zuwendung zu bekommen.

Wenn du unvorbereitet in ein solches Spiel hineingezogen wirst und glaubst, dass du mit gutem Willen die Situation ändern kannst, bist du verloren.

Wir werden uns deshalb ein paar der gängigsten Spiele ansehen, damit du ein Gespür dafür bekommst, wie sie funktionieren. Sicher kennst du das eine oder andere Spiel, weil du es spielst oder jemand es schon mal mit dir gespielt hat oder noch spielt.

Ich gestehe, ich liebe es, diese Spiele zu beobachten. Mitspielen macht mir allerdings nur noch sehr selten Spaß.

DIE GÄNGIGSTEN SPIELE

1. "Ja, aber ... (Hilf mir, du kannst mir nicht helfen)"-Spiel:

Ein Hilfesuchender sucht Rat für ein Problem bei einer anderen Person. Die weiß die Aufmerksamkeit zu schätzen und gibt einen gut gemeinten Rat nach dem anderen. Doch auf jeden Rat folgt ein „Ja, aber ..." mit einem scheinbar passenden Gegenargument.

Der Austausch geht so lange gut, bis der Ratgebende keine Ideen mehr hat. Nun fühlen sich beide schlecht. Der Hilfesuchende, weil er keine Hilfe bekommen hat und der Ratgebende, weil er nicht helfen konnte.

Verschärfte Spielvariante: Der Hilfesuchende wechselt die Rolle vom Opfer zum Verfolger und wirft dem Ratgebenden nach mehreren Vorschlägen vor, dass er ja auch keine hilfreichen Ideen hat.

Beispiel: Mein Freund Uwe in Hannover ist IT-Techniker und seit drei Jahren arbeitslos. Alle paar Monate treffen wir uns. Meist, wenn ich in seiner Nähe beruflich zu tun habe. In den letzten Monaten spielen wir immer wieder gern das „Ja, aber ..."-Spiel.

Uwe erzählt mir, wie sehr er darunter leidet, keinen Job zu haben. Da springt dann automatisch mein Aktionsmotor an und ich sprudele nur so vor Ideen. Doch jeder meiner Vorschläge wird von ihm zerpflückt, weil zu schwierig, zu weit, nicht passend. Und wenn nichts mehr geht, kommt das Argument: „Ich bin sowieso zu alt." (Er ist 52) Mittlerweile habe ich gelernt und verstanden: Ich kann das Spiel nicht gewinnen.

Hier geht es nicht um eine Lösung, sondern er möchte möglicherweise meine Absolution, dass er ein armer Kerl ist und keiner ihn haben will – und vielleicht fühlt er sich eigentlich ganz wohl in seiner Situation, hat aber ein schlechtes Gewissen, dass er nicht arbeitet. Dafür sucht er möglicherweise einen Verbündeten, der ihm recht gibt.

Hier gibt es nur eine sinnvolle Intervention: Lösungsorientierte Fragen stellen. Nicht selbst antworten, keine eigenen Vorschläge machen, sondern nach Ideen fragen. Ich könnte Uwe zum Beispiel fragen: „Wenn du es frei wählen könntest, was würdest du wirklich gern machen?" Oder: „Wenn Geld keine Rolle spielen würde, was würdest du tun?"

Danach wird möglicherweise schnell klar, wohin die Reise geht. Entweder werde ich nicht mehr eingeladen, weil ich ein schlechter Mitspieler bin oder er überlegt selbst, was für ihn gut ist.

2. Ein weiteres, sehr verbreitetes Spiel ist „Makel":

Spielbeginnende finden immer und überall einen Makel und kritisieren selbst dann noch, wenn 98 % der Arbeit gut ist. Sie reiten auf den 2 % Unvollkommenen herum und kein Argument der Welt kann dies ändern. Mitspielende in diesem Spiel fühlen sich abgewertet und ungesehen. Egal, wie sehr sie sich anstrengen und wie gut das Ergebnis ist, es wird nie genug sein. Auch hier bleiben alle Mitspielenden mit einem negativen Gefühl zurück.

Mein früherer Nachbar hat dieses Spiel gerne gespielt. Wir teilten uns eine gemeinsame Hecke, die er von seiner und ich von meiner Seite regelmäßig beschnitten. Da er Rentner war und ich berufstätig, habe ich den Heckenschnitt meist am Samstag erledigt, während er auch unter der Woche Zeit hatte.

Daher kam es vor, dass sein Teil bereits geschnitten war, während mein Teil noch eher einem geplatzten Kissen glich. Wenn ich mich dann daran machte, die Hecke zu schneiden, schaute er über die Hecke und meinte nur: „So langsam wird es ja auch Zeit. Das sieht ja schon ziemlich wild aus."

Nachdem dies einige Male so oder ähnlich abgelaufen war, bemühte ich mich, beim nächsten Mal früher anzufangen. Doch er war wieder schneller und fragte mich, mit einem gefühlt vorwurfsvollen Unterton: „Na, wann schneiden Sie denn Ihren Teil der Hecke?" Ich war geneigt, zukünftig noch früher zu beginnen, um vor ihm mit dem Heckenschnitt fertig zu sein.

Es funktionierte, doch dann änderte mein Nachbar die Spielregeln: Er beschwerte sich nun, dass beim Schneiden Schnittgut auf sein Grundstück gefallen war, ich möge doch zukünftig besser aufpassen. Da entschied ich mich, das Spiel zu beenden. Beim nächsten Mal reagierte ich entspannt auf seine Frage, wann ich die Hecke schneide und teilte ihm freundlich mit, wann das sein würde. Punkt.

Wenn es nicht dein Nachbar, sondern dein Chef ist, der nie zufrieden ist mit deiner Arbeit, ist es nicht ganz so einfach. Manche Vorgesetzten benutzen unklare Kritik wie: „Der Kunde hat sich über Sie beschwert, das darf nicht wieder vorkommen, sonst hat das Konsequenzen."

In dieser Aussage des Chefs ist weder klar, was den Kunden stört, noch wer welche Konsequenzen zu tragen hat. Du willst natürlich nicht riskieren, deinen Job zu verlieren. Also gibst du dir noch mehr Mühe, um diesen und andere Kunden zufriedenzustellen. Allerdings bekommst du dein Gehalt für deine Arbeit und nicht für das Aushalten der schlechten Laune deines Vorgesetzten.

Wenn dein Chef das nächste Mal mit einer unklaren Kritik auf dich zukommt, dann probiere mal eine andere Möglichkeit aus:

Zunächst einmal, lass dich nicht in die Enge treiben, rechtfertige dich nicht. Damit wird das Spiel nur unnötig fortgesetzt. Eine mögliche Reaktion in deinen eigenen Worten könnte sein: „Herr X, sagen Sie mir doch bitte, was genau der Kunde bemängelt hat, damit ich es in Zukunft besser machen kann. Trotzdem: Mich interessiert, wie Sie den übrigen Teil meiner Arbeit einschätzen."

Du kannst dich über ein verblüfftes Gesicht freuen, denn dein Chef wird es nicht oft erleben, dass jemand das Spiel nicht mitspielt.

3. *"Du wirst schon sehen, was dabei herauskommt!"-Spiel:*

Dieses Spiel wird gerne in beruflichen oder privaten Arbeitsgruppen gespielt. Wenn es darum geht, Aufgaben zu verteilen, bleibt oft eine ungeliebte, wenn auch notwendige Aufgabe übrig.

Das Gruppenmitglied, das diese Aufgabe erhält, diese aber nicht übernehmen möchte, beginnt das Spiel: Es werden mehrere „gute Gründe" aufgezählt, warum sie genau diese Aufgabe nicht machen kann – keine Zeit, nicht die geeigneten Ressourcen und so weiter.

Nach langer und ausführlicher Diskussion im Team folgt dann so etwas wie: „Na gut, dann mache ich das halt." Insgeheim denkt sie: „Die werden schon sehen, was das für eine blöde Entscheidung war!"

Bei der Durchführung achtet sie auf jeden kleinsten Fehler oder sorgt selbst dafür, dass

Abläufe nicht funktionieren. Hierfür wird dem Team oder dem Auftraggeber die Schuld gegeben: „Ihr wolltet es ja so!", „Sie wollten doch, dass wir XY machen", „Ich habe nur getan, was ihr wolltet." Damit gibt sie die Verantwortung an das Team ab, das die Entscheidung gefällt hat. Der eigene Anteil an der Entscheidung wird ausgeblendet.

Auch hier bleiben alle Beteiligten des Spiels mit negativen Gefühlen zurück. Wenn es sich um ein berufliches Projektteam handelt, kann das darüber hinaus sogar noch richtig teuer werden.

Intervention: Bei Unklarheiten im Vorfeld sofort nachfragen und Klärung schaffen. Eventuell schriftliche Vereinbarungen oder Verträge schließen.

Zum Beispiel könnte man beim nächsten Teammeeting mit dieser Kollegin die beginnende Diskussion sofort stoppen, wenn sie dieses Spiel beginnt. Dann frage sie, was sie braucht, um die Aufgabe zu übernehmen und erfolgreich zu einem Abschluss zu bringen. Damit entziehst du ihr die Spielleitung und übergibst ihr die Verantwortung. Vorsicht: Meine Erfahrung in solchen Fällen ist, dass besonders hartnäckige Menschen dann gern die Spielvariante 1 „Ja, aber ..." beginnen.

4. „Jetzt hab' ich dich, du Schweinehund!"-Spiel:

Die Spielende hat meist ein grundsätzliches Ur-Misstrauen gegenüber allen Menschen. Sie will deshalb dem Gegenüber auf jeden Fall beweisen, dass er oder sie Böses im Schilde führt und das eigene Vertrauen auf keinen Fall verdient hat. Vom Mitspielen wird dringend abgeraten, da Spielende dieses Spiels oft ums psychische Überleben kämpfen und mit jeder Spielrunde die Regeln verschärfen.

Das bedeutet, wenn die Spielende mit der einfachen Variante nicht die gewünschte Aufmerksamkeit oder Bestätigung erhält, folgt Stufe 2: Die Spielende ist bereit, materielle oder persönliche Opfer zu bringen, um zu beweisen, dass du „ein Schwein" bist. Sollte das nicht zum Erfolg führen, folgt Stufe 3: Jetzt geht es um alles und um den Einsatz des persönlichen Lebens, wenn nötig.

Wir wollen uns an einem Beispiel aus der Praxis die Rollen und Verhaltensweisen der beteiligten Spielenden näher ansehen:

Der Chef kommt ins Büro und findet seine Post noch nicht auf dem Schreibtisch vor.

Er zieht seine Sekretärin zur Rechenschaft und übernimmt damit die Rolle des Täters/Angreifers.

Die Sekretärin verteidigt sich aus der Opferrolle heraus: „Ich kann doch nichts dafür, dass die noch nicht da ist. Ich wollte das ja machen. Die Poststelle ist schuld."

Die Buchhalterin wird Zeugin diese Auseinandersetzung. Sie nimmt die Sekretärin in Schutz und sagt in der Funktion als Retter auf Stufe 1: „Was fällt Ihnen ein, so mit Ihrer Mitarbeiterin umgehen!"

Der Chef will nicht diskutieren und wendet sich an seine Sekretärin mit den Worten „Kümmern Sie sich darum, dass die Post schnellstmöglich bei mir ist."

Die Buchhalterin reagiert darauf verärgert und wird vom Retter zum Angreifer:

„Wenn Sie mit all Ihren Mitarbeitern so umgehen, sind Sie wohl in Ihrer Rolle als Führungskraft überfordert."

Je weiter dieses Spiel fortschreitet, desto unübersichtlicher werden die Rollen: Die Sekretärin bekommt ein ungutes Gefühl und nimmt ihren Vorgesetzten gegenüber der Buchhalterin in Schutz, wird damit vom Opfer zum Retter. „Ja, mein Chef war heute Morgen etwas aufgebracht und ungerecht zu mir. Doch normalerweise ist er sehr freundlich."

Wenn die Buchhalterin das Spiel jetzt weiterführen wollte, könnte sie statt des Chefs, der ja mittlerweile weg ist, nun die Sekretärin angreifen, weil sie klein beigibt oder feige ist.

Das klingt dramatisch und möglicherweise übertrieben, ist aber in vielen Büros oder Familien bittere Realität. Und wenn du gelegentlich die Tagespresse verfolgst, wirst du immer wieder von unbegreiflichen Tragödien hören. Dies sind oft die Spiele, die aus dem Ruder gelaufen sind.

Eric Berne hat noch viele weitere Spiele beschrieben, die Menschen spielen, um Zuwendung zu erhalten. Diese alle hier aufzuzählen, würde zu weit führen.

HINTERGRUND

Jeder Mensch braucht notwendigerweise Zuwendung und fordert diese auch ein. Die meisten Menschen haben in der Kindheit überwiegend bedingungslose oder positive Zuwendung durch Eltern und Umfeld erfahren. Menschen, die vermehrt auf solche Spiele zurückgreifen, haben in ihrer Kindheit überwiegend negative Zuwendung erhalten. Sie wurden ungerechtfertigt getadelt, kritisiert, bedroht, diffamiert oder geschlagen. Sie haben gelernt, dass sie nicht gut sind und nur Anspruch auf negative Zuwendung haben. Diese Spielenden haben dadurch gelernt, dass sie es nicht wert sind, bedingungslos geliebt zu werden. Deshalb holen sie sich dann über diese Spiele die negative Zuwendung, um überhaupt eine solche zu erhalten.

Wie also ignorierst du ungewollte Spieleinladungen, ohne die Beziehung zu schädigen? Wie steigst du aus dem Spiel aus, wenn du ungewollt hineingeraten bist?

Durch mitfühlende Ehrlichkeit sich selbst und anderen gegenüber, auch wenn das nicht ganz so einfach ist. Denke über Folgendes nach:

- Welchen wunden Punkt, welchen Glaubenssatz hat der Spielende bei dir getroffen?
- Warum gehst du darauf so unreflektiert ein? Was versprichst du dir davon?
- Willst du das Spiel jetzt beenden?

Wenn du dir die Fragen ehrlich beantworten kannst und entscheidest, das Spiel beenden zu wollen, dann mache es! Ignoriere die Spieleinladung und frage, was dein Gegenüber wirklich von dir will. Sollte das keine Wirkung zeigen, dann sag, wie du dich gerade fühlst und dass du das Gespräch so nicht führen möchtest.

Sicherlich hast du auch schon das eine oder andere dieser Spiele gespielt. Ich wünsche dir, dass du zukünftig schneller erkennst, wenn du ein ungewolltes Spielangebot bekommst. Ich empfehle dir, rechtzeitig auszusteigen, bei diesen psychologischen Spielchen gibt es keine Gewinner!

ÜBUNG

Anhand des Spiels Makel möchte ich dich für das Beenden von Spielen sensibilisieren.

These

Ein Makel lässt sich immer finden, deshalb wird dein Gegenüber immer fündig.

Nutzen

Dieses Spiel dient dem Spielenden dazu, von der eigenen Unsicherheit und Verärgerung über die eigenen Fehler und Unzulänglichkeiten abzulenken. Deshalb sucht er bei anderen ein Makel, der diese herabsetzen soll.

Eröffnung, Einladung, attraktive Falle

Der Einstieg erfolgt mit dem Hinweis auf diesen Makel:

- „Das Kleid passt gar nicht zu deiner Frisur …"
- „Sie sind ja nicht einmal vom Fach …"
- „Mit so dreckigen Schuhen kann das ja nichts werden …"
- „Dein Englisch ist unmöglich …"
- „Erst 21 …, wie süß …"

Antithese, Ablehnung, Nichteinstieg

Wenn du das Spiel beenden willst, lass dich nicht darauf ein. Es geht hier nicht um konstruktive Kritik, sondern zielt auf eine bewusste Verletzung ab. Folgende Antworten sind möglich, wandle sie in deine Worte um:

- „Sie haben den Makel entdeckt, finden Sie nun auch die Vorzüge?"
- „Wir alle haben unsere Stärken und Schwächen … „
- „Sie fokussieren sich einseitig auf die negativen Aspekte, die hier von untergeordneter Bedeutung sind. Ich bin raus, darauf habe ich keine Lust."
- „Das ist kein Makel, das ist mein Special Effekt!"
- Bezogen auf das Alter: „Das ist wahr, mit 21 Jahren habe ich noch viele Möglichkeiten."

Oder, wenn du ungewollt in das „Ja, aber ...-Spiel" hineingeraten bist, kannst du reflektierende Fragen stellen wie:

- „Was hast du dir vorgestellt?"
- „Wie könntest du das umsetzen?"
- „Was brauchst du dafür?"

Auch wenn es beim ersten Mal nicht gleich klappt. Gib nicht auf. Mit der Zeit bekommst du Übung darin, auf bewusste oder unbewusste Spiele deiner Mitmenschen angemessen zu reagieren und deine eigenen Interessen zu berücksichtigen.

4
ICH HÖRE WAS, WAS DU NICHT HÖRST

„Fremde Ohren hören immer mehr als die eigenen."

— GERD W. HEYSE

---

*E*ine weitere Möglichkeit, negativen Gedanken und Gefühlen durch Einflüsse von außen auf die Spur zu kommen, hat Friedemann Schulz von Thun in seinem Kommunikationsmodell, dem Vier-Ohren-Modell beschrieben. Hier geht es darum, dass es vier Ebenen oder „Ohren" gibt, über die wir etwas Gesagtes wahrnehmen.

DEINE 4 OHREN

1. **Appell-Ohr:** Ich höre, dass die Person etwas von mir erwartet.
2. **Beziehung-Ohr:** Ich höre, wie die Person mich einschätzt, wie unsere Beziehung ist.

3. **Sachinformations-Ohr:** Ich höre, was der Inhalt des Gesagten ist.

4. **Selbstoffenbarungs-Ohr:** Ich höre, was mein Gegenüber von sich selbst preisgibt.

Was immer der Sender einer Nachricht gesagt oder gemeint hat, es kann beim Empfänger der Nachricht anders ankommen als geplant. Je nachdem, auf welchem „Ohr" wir hören, wird unsere Reaktion ausfallen. Damit kann es manchmal schwierig werden, ein Gespräch zu führen oder einen Konflikt zu lösen, wenn nicht klar ist, auf welchem Ohr etwas verstanden wird.

Das folgende Beispiel zeigt, wie unterschiedlich mein Gegenüber meine Aussage verstehen kann, je nachdem, auf welchem Ohr gehört wird:

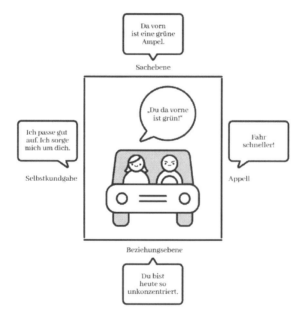

Schulz von Thun geht auch davon aus, dass ich verantwortlich dafür bin, dass die von mir gesendete Nachricht beim Gegenüber ankommt. Das ist allerdings leichter gesagt als getan. Die meisten Menschen hören auf den ersten beiden Ebenen bzw. Ohren, also auf der Appellebene oder der Beziehungsebene. Vor allem wohl deshalb, weil wir uns wünschen, von anderen gemocht zu werden und vielleicht auch meinen, etwas dafür tun zu müssen.

Nehmen wir das Beispiel aus der Einleitung:

„Beeil dich, der Chef wartet schon auf dich, gestern ist etwas schiefgelaufen."

Was könnte ich auf den unterschiedlichen Ebenen in dem Gesagten hören?

- **Appell-Ohr:** „Beeil dich, sonst wird der Chef noch wütender."
- **Beziehungs-Ohr:** „Mein Kollege / mein Chef mag mich nicht mehr, weil ich wohl einen Fehler gemacht habe."
- **Sachinformations-Ohr:** „Gestern ist etwas schiefgelaufen und mein Chef möchte das klären oder meinen Rat."
- **Selbstoffenbarungs-Ohr:** „Der Chef ist offenbar unter Zeitdruck und will das Problem schnell klären."

Wenn ich beispielsweise denke, dass mein Chef mich für einen Fehler verantwortlich machen will, gehe ich schon mit gesenktem Kopf in das Gespräch. Mit einem Wechsel des Blickwinkels mit einem Fokus auf den Sachinhalt des Gesagten müsste ich mir erst einmal keine Sorgen machen und könnte dem Gespräch weitgehend entspannt entgegensehen – ohne auf meine gute Stimmung zu verzichten.

Aus dem Gesagten des Kollegen ist zunächst auch nicht zu erkennen, dass ich etwas falsch gemacht habe. Das wäre dann ein Hören auf der Beziehungsebene:

„Hoffentlich mag er mich noch."

Vielleicht will mein Chef mich aber auch nur über ein Problem unterrichten und benötigt dafür meinen Rat. Diese Interpretation wäre ein Hören auf der Sachebene und würde mich wesentlich entspannter und besser gelaunt sein lassen.

Ich könnte meinem Kollegen bei der Begrüßung auf der Sachebene antworten:

„Danke, dass du mich informiert hast." Sollte mein Kollege vielleicht etwas Schadenfreude mitschwingen lassen wollen, ist dieser Inhalt damit ausgebremst und er wird es nicht mehr so oft probieren.

Dieses Beispiel macht deutlich, wie sehr wir uns manchmal selbst das Leben schwer machen, indem wir interpretieren statt die Fakten zu sehen.

Wenn meine Frau sagt: „Der Müll müsste raus gebracht werden" und ich antworte mit „Ja." Dann ist der Konflikt vorprogrammiert, denn die Fakten sind nicht entscheidend, sondern der Beziehungsinhalt.

Warum? Meine Frau hat mir zum einen eine Sachinformation gegeben: „Bring den Müll raus!" Zum anderen schwingt gleichzeitig die indirekte Aufforderung mit, dass ich dafür zuständig bin. Der Unterton könnte mir darüber hinaus signalisieren, dass sie auf der Beziehungsebene von mir enttäuscht ist, weil ich nicht selbst daran denke. Wenn ich sie nicht noch mehr enttäuschen will, bringe ich besser den Müll raus. Auf der Selbstoffenbarungsebene sagt sie vielleicht: „Ich habe genug zu tun, das kannst du machen."

Besser wäre ihre klare und eindeutige Kommunikation: „Bringst du bitte den Müll vor dem Abendessen raus. Ich schaffe es nicht mehr." Dann ist es das, was es sein soll – eine Aufforderung mit klaren Vorgaben. Das verstehen wir Männer ohnehin besser…

Im betrieblichen Kontext spielen üblicherweise nicht so viele Emotionen mit, doch auch im Büro und an der Werkbank wird gemenschelt. Unterstützende Führung ist deshalb hier wichtig. Verantwortlichkeiten und Kritik sollten klar und eindeutig sein und wenn möglich keine Interpretationen zulassen. Für Krisengespräche ist ein sachliches Ansprechen mit lösungsoffenen Ansatz unterstützend. Wenn ich nämlich schon weiß, was die Lösung ist oder sein könnte, hat mein Gegenüber keine Möglichkeit, eigene Lösungen einzubringen und fühlt sich nicht gesehen und anerkannt.

BEWUSSTES FALSCHVERSTEHEN

Die bisherigen Beispiele sind alltägliche Kommunikationsprobleme und lassen sich meist mit etwas gutem Willen klären. Beide Parteien haben den Konflikt oder das Missverständnis ja in der Regel nicht aktiv angeregt.

Was aber, wenn es jemand darauf abgesehen hat, dich absichtlich falsch zu verstehen? Oder wenn jemand sich mit Kommunikation auskennt und dich bewusst sprachlich austricksen will? Dann brauchst du Strategien, um aus der Falle herauszukommen.

Du kannst dir sicher sein, dass es sich um Absicht handelt, wenn du Doppelbotschaften bekommst. In der Psychologie bezeichnet man das als „double bind" (= Doppelbindung). Das ist dann der Fall, wenn zwei sich widersprechende Botschaften gleichzeitig übermittelt werden. Auf Nachfrage löst die Sendende den Widerspruch nicht auf, sondern beharrt darauf, dass die gesendete Botschaft eindeutig ist.

Typisches Beispiel:

Auf die Frage: „Wie geht es dir?" wird mit hängenden Mundwinkeln und trauriger Stimme geantwortet: „Mir geht es gut."

Du hast hier die Wahl: Entweder reagierst du auf die Worte „Mir geht es gut" oder auf die Mimik, die Traurigkeit ausdrückt. Was immer du antwortest, dein Gegenüber kann deine Wahrnehmung abstreiten. „Ich hab doch gesagt, mir geht es gut" oder „Merkst du eigentlich noch was? Siehst du nicht, dass es mir schlecht geht?"

Double binds sind nicht unüblich in der Kindererziehung. Durch Doppelbotschaften können Eltern oder Großeltern die Fähigkeit ihrer Kleinen nachhaltig beeinflussen, ihrem Bauchgefühl nicht mehr zu vertrauen.

Die Eltern haben sich zum Beispiel gerade gestritten. Plötzlich kommt das Kind in den Raum und fragt, was los ist. Die Eltern beteuern, dass alles in Ordnung ist. Das Kind jedoch spürt die aggressive Atmosphäre, zweifelt aufgrund der Aussage der Eltern aber die eigene Wahrnehmung an.

Besonders bei uns nahestehende Menschen, die regelmäßig Doppelbotschaften nutzen, werden wir unsere Wahrnehmung zunehmend infrage stellen. Das wird umso schwieriger, wenn wir auf diese Menschen angewiesen oder sogar von ihnen abhängig sind, wie es ein Kind in der Beziehung zu seinen Eltern ist.

Der Versuch, eine „richtige" Antwort zu geben, verunsichert deine Wahrnehmung mehr und mehr. Dadurch kann es passieren, dass du deinem inneren Gefühl nicht mehr traust und falsche Entscheidungen triffst. Deshalb ist ein harter, aber bestimmter Ausstieg die beste Lösung für alle Akteure.

Schau dir die Menschen in deinem Umfeld genau an. Wer unterstützt dich und wer nutzt dich aus? Hinterfrage deine Wahrnehmung, doch vertraue auch deinem Bauchgefühl.

Nachfolgend ein paar Maßnahmen im Umgang mit Doppelbotschaften:

* Mache deinem Gegenüber bewusst, wie widersprüchlich das Gesagte bei dir ankommt und bitte um eine ehrliche Antwort.
* Manchmal ist das aber nicht möglich, dann akzeptiere zunächst, dass es so ist, wie es ist.
* Erforsche dich selbst und finde heraus, was dein Anteil in der Beziehung ist.
* Entscheide, ob du weiterhin bereit bist, das hinzunehmen.
* Vielleicht musst du einen Preis dafür bezahlen. Das kann der Verlust der Beziehung oder Freundschaft sein, mangelnde Anerkennung oder auch Einsamkeit.

ÜBUNG

Suche dir eine typische wiederkehrende Situation des Alltags, in der Firma, mit Familie oder Freunden, die dich regelmäßig nervt. Schau dir das Gesagte unter dem oben genannten Aspekt an und beobachte dich dabei, auf welcher Ebene du das Gesagte hörst. Und dann überlege dir, ob du es auf einer anderen Ebene hören – und beantworten kannst, am besten auf der Sach- oder Selbstoffenbarungsebene.

Möglicherweise vermeidest du damit unnötige Streitgespräche, denn auch dein Gegenüber hört ja meist auf dem Beziehungs- oder Appellohr.

Diese Aufgabe solltest du schriftlich machen. Nutze die unten stehende Vorlage:

Füge oben in die Sprechblase das von dir oder jemand anderem Gesagte ein. Danach gehe durch alle vier Seiten und schreibe eine jeweils mögliche Antwort ein.

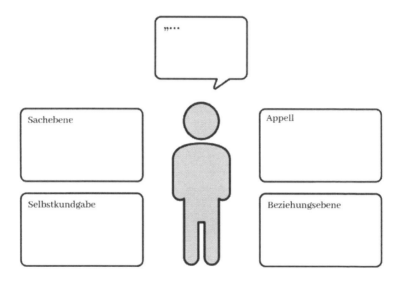

Wenn du diese Übung regelmäßig machst, wirst du immer besser erkennen, welches Ohr da gerade zuhört. Mit diesem Wissen kannst du gezielter und angemessener reagieren und möglichen Konflikten und damit negativen Gedanken und Gefühlen schon im Vorfeld ausweichen.

5
ICH GLAUBE, ALSO BIN ICH

„Egal, ob du denkst, du schaffst es oder du schaffst es nicht, du wirst Recht behalten."

— HENRY FORD

---

*W*ir werden uns in diesem Kapitel damit beschäftigen, wie wir durch Erziehung und Umfeld geprägt werden. Diese Prägungen haben oft Auswirkungen bis ins hohe Erwachsenenalter, obwohl sie dringend geändert, abgewandelt oder gar aufgegeben werden sollten. Es handelt sich um Glaubenssätze.

DAS VERHÄNGNIS DER TIEF SCHLUMMERNDEN GLAUBENSSÄTZE

Glaubenssätze sind die tief in uns verankerten Annahmen über uns selbst, unser Umfeld und die Welt insgesamt. Grundlegende Verhaltensweisen werden bereits in der Kindheit angelegt. Viele dieser Entscheidungen der Kindheit wirken bis heute nach und beeinflussen unser alltägliches Handeln.

Sie sind eine Mischung aus Lebenserfahrungen und Gelerntem sowie Interpretationen, Annahmen und Vorstellungen von uns selbst und anderen. Als Kinder stehen wir der Welt noch neutral und staunend gegenüber. Im Laufe des Lebens erlernen wir durch unsere Sozialisation, zunächst durch unsere Eltern, bestimmte Anschauungen, Denkweisen oder Vorstellungen. Doch auch Schule und Gesellschaft prägen unsere Annahmen, Glaubenssätze und Verhaltensweisen.

Wir entwickeln unsere Glaubenssätze also aufgrund bestimmter Ereignisse oder Erfahrungen. Diese Glaubenssätze und Annahmen machen es uns manchmal schwer, unvoreingenommen in eine Situation zu gehen. Beispiele hierfür können sein:

- „Erst die Arbeit, dann das Vergnügen."
- „Das Leben ist kein Wunschkonzert."
- „Ich darf keine Schwäche zeigen."

GUT UND BÖSE DER GLAUBENSSÄTZE

Es gibt positive und negative Glaubenssätze. Positive Glaubenssätze unterstützen dich in deinen Träumen, Wünschen und Zielen. Sie sind motivierend, wohlwollend oder aufbauend. Beispiele für positive Glaubenssätze wären zum Beispiel „Das Schicksal meint es gut mit mir" oder „Ich habe immer Glück, wenn ich etwas anpacke".

Negative Glaubenssätze sind dagegen eher wie ein Bremsklotz. Da ist diese Stimme im Hintergrund, die dir zuflüstert: „Das schaffst du sowieso nicht", „Wieso solltest du dieses Mal Glück haben" oder „Das hast du nicht verdient".

Die positiven Glaubenssätze unterstützen uns und können erhalten bleiben. Negative Glaubenssätze, die für dein Leben nicht mehr funktionieren und dir das Leben schwer machen, solltest du verändern.

Bestimmt kennst du das Sprichwort „Blut ist dicker als Wasser". Das bedeutet, dass wir das emotionale Band zu unserer Herkunftsfamilie höher bewerten sollen als bei anderen Menschen in unserem Leben. Und das bedeutet in der Konsequenz, dass Familie immer vorgeht, egal was passiert.

Dieser Glaubenssatz kann dir zum Verhängnis werden, wenn du es in deiner Familie mit einem oder mehreren sehr negativen Menschen zu tun hast. Obwohl du ganz genau spürst, dass dir der Umgang nicht guttut, empfindest du eine innere Verpflichtung, für die Familie da zu sein.

Damit ist natürlich nicht gemeint, dass du deiner Familie nicht in einer Notlage helfen sollst. Es geht vor allem um die oft schwierigen familiären Verbindungen, die mit Ausnutzung und Missbrauch bekannter Schwächen einhergehen. Hier kann es sinnvoll sein, einen harten Schnitt zu vollziehen, wenn du feststellst, dass der Preis für dich zu hoch ist oder du gar leidest.

BITTE VORSICHT, HIER ENTSTEHT EINE NEGATIVER GLAUBENSSATZ!

Bei der Begegnung mit anderen Menschen treffen wir auf ein Sammelsurium der unterschiedlichsten Glaubenssätze. Und unsere eigenen Vorstellungen bringen wir auch noch mit. Deshalb werden wir uns die negativen Glaubenssätze näher ansehen. Das Problem ist allerdings, dass wir sie oft nicht kennen. Das möchte ich anhand einer kürzlich stattgefundenen Begegnung verdeutlichen:

Vor einigen Wochen saß ich im Wartezimmer meines Hausarztes. Es war gegen Ende der Sprechzeit und das Wartezimmer war fast leer. Nur eine Mutter mit ihren beiden Kindern, eine Tochter und ein Sohn (geschätzt fünf und zwei Jahre alt), warteten ebenfalls mit mir dort.

Die Kinder entwickelten aus Langeweile ein kleines Spiel: Sie rannten um den Tisch herum, der in der Mitte des Wartezimmers stand. Dabei hatten sie sichtlich Spaß, sie lachten laut und neckten sich. Ich las eine Zeitschrift und schaute interessiert über den Rand der Zeitschrift hinweg dem Treiben der beiden zu.

Die Mutter schien meinen Blick zu bemerken und reagierte darauf. Offenbar ging sie davon aus, dass die Kinder mich störten – das war definitiv nicht der Fall, doch du brauchst sicher nicht viel Phantasie, um dir vorzustellen, wie oft diese Mutter wohl schon gehört hatte, dass ihre Kinder zu laut sind. Möglicherweise hat sie auch einen Glaubenssatz, den viele Mütter kennen: „Ich bin keine gute Mutter", weil die Kinder nicht brav, perfekt oder pflegeleicht sind.

Doch kommen wir zurück zur Situation. Um meinen vermeintlichen Ärger über die Störung zu verhindern, sprach sie beide Kinder ziemlich bestimmt an: „Hört damit auf, setzt euch hin!"

Der Junge blickte erstaunt auf, doch er folgte der Mutter und setzte sich brav auf den Stuhl neben ihr. Das Mädchen zeigte deutlich ihr Missfallen über die Aufforderung und lief weiter um den Tisch herum. Jetzt wurde die Mutter etwas lauter. „Ich habe dir gesagt, dass du dich setzen sollst – jetzt!" Meine Beteuerung, dass es mich nicht stört, half da nichts. Widerwillig setzte sich das Mädchen auf den Stuhl und eine deutliche Verärgerung war ihr anzusehen. Hier ist möglicherweise ein Glaubenssatz entstanden.

ICH GLAUBE, ALSO BIN ICH | 69

Welcher könnte das sein? Zum Beispiel: „Immer, wenn ich mich gerade richtig gut fühle, kommt jemand, der mir das kaputtmacht." Oder: „Erwachsene (Autoritäten) verderben einem jeden Spaß." Oder oder oder ...

Wenn dieses Mädchen hier einen Glaubenssatz entwickelt hätte, wäre sie vielleicht als Erwachsene zurückhaltend und ginge ungern aus sich heraus. Spontanes lautes Lachen käme ihr unpassend vor. Wenn du dieser Frau begegnen würdest, denkst du vielleicht, dass sie kühl oder gar abweisend ist und reagierst entsprechend. Oder sie reagiert auf Anordnungen von Vorgesetzten genervt.

Wie gesagt, es ist EINE Möglichkeit. Die menschliche Psyche ist viel zu komplex, um vorherzusagen, was passiert. Vielleicht hat das Mädchen durch frühere Erfahrungen schon längst einen Glaubenssatz dazu gebildet. Oder sie hat das Ereignis gar nicht berücksichtigt, weil sie bisher immer erlebt hat: „Egal, was Mami sagt, ich weiß, sie hat mich lieb."

Ein anderes Beispiel, das viele Eltern sicher kennen werden: Du bist beschäftigt und dein Kind kommt ins Zimmer und will dir etwas zeigen. Du reagierst leicht genervt und sagst vielleicht: „Ich habe jetzt keine Zeit, du störst gerade."

Einmal gesagt, wird das sicher keine große Auswirkung haben. Doch wenn das regelmäßig passiert, entwickelt das Kind vielleicht den Glaubenssatz „Ich bin es nicht wert, dass Mama oder Papa sich Zeit für mich nehmen," – der letzte Teil ist meine Ergänzung. Für ein Kind reicht schon der Teil: „Ich bin es nicht wert."

Dieser Glaubenssatz ist perfekt und für viele Situationen anzuwenden, um dir dein Leben zu versauen. Und wenn du mal eine Weile darüber nachdenkst, werden dir sicher Menschen in deinem Umfeld einfallen, die mit diesem Glaubenssatz unterwegs sind, oder?

DER UNHEIMLICHE EINFLUSS DEINER GLAUBENSSÄTZE

Gerade im Umgang mit anderen Menschen sind unsere Glaubenssätze von großer Bedeutung. Sie lassen uns manchmal ohne Not unangenehme Dinge tun oder ertragen. Sie werden nämlich oft erst hinterfragt, wenn sie uns großen Schmerz verursachen.

Wir denken gerne darüber nach, was andere von uns denken könnten, ob unser Tun anderen gefällt. Das macht es uns dann oft schwer, auf Forderungen von außen angemessen zu reagieren. Wenn dein Gegenüber dann noch deine Glaubenssätze kennt oder spürt, kannst du unerwünschten Forderungen oder unwahren Behauptungen von außen nur wenig entgegensetzen.

Wenn dich zum Beispiel ein Bekannter fragt, ob du ihm am Wochenende beim Umzug helfen kannst. Er weiß vielleicht, dass du nur schwer Nein sagen kannst. Deshalb fragt er dich. Du weißt, dass du danach wahrscheinlich drei Tage Rückenschmerzen hast. Trotzdem fällt es dir schwer, deinem Bekannten den Gefallen abzuschlagen, denn du willst ja nett sein.

Doch es wäre auch eine andere Reaktion denkbar, oder? Selbst wenn dich dein bester Freund fragt, könntest du mit einem Lächeln kontern: „Wenn ich dir heute helfe, brauche ich morgen eine Krankenschwester oder du musst mich die nächsten Tage pflegen. Willst du das?" Gerade bei den über 50-Jährigen ist meine Erfahrung damit positiv. Die meisten von uns haben schon mal erlebt, welche Folgen es haben kann, wenn wir die Grenzen unserer körperlichen Leistungsfähigkeit überschätzen.

Eine Ursache für diese Bereitschaft, gegen eigene Bedürfnisse zu handeln, liegt in unserer frühesten Kindheit. Eltern, Familie,

Schule und Umgebung wollten aus uns ein wertvolles Mitglied der Gesellschaft machen. Eltern haben darüber hinaus selbst gelernte Glaubenssätze unbewusst übernommen und geben uns diese jetzt weiter. Oft tun sie es im besten Glauben, dass es uns nützt.

Damit wurden wir auf bestimmte Glaubenssätze konditioniert, die uns besser in die Gesellschaft eingliedern sollten. Doch dadurch sind wir auch angreifbar. Menschen und Institutionen, die es verstehen, unsere Glaubenssätze auszunutzen, sind in der Lage, uns entsprechend zu manipulieren.

Wenn du über 40 Jahre alt bist, hast du von deinen Eltern sicher immer wieder gehört „Ohne Fleiß keinen Preis" oder „Erst die Arbeit, dann das Vergnügen". Das könnte ein Glaubenssatz sein, den du bis heute akzeptiert hast, ohne ihn jemals zu hinterfragen.

Du kannst dir nicht vorstellen, dass dir das Schicksal einfach mal etwas schenkt, ohne dass du etwas dafür getan hast. Wer nicht arbeitet, soll auch nicht belohnt werden – oder ein sehr alter Glaubenssatz aus der Zeit zu Beginn des 20. Jahrhunderts: „Wer nicht arbeitet, soll auch nicht essen." Wenn du diese oder ähnliche Annahmen tief verinnerlicht hast, kann jede Kritik in diese Richtung in dir mehr oder wenige unangenehme Reaktionen auslösen.

Meine Kollegin erinnerte mich daran, dass gestern ein Bericht fällig war, den ich noch nicht erledigt habe. Wenn ich diesen Glaubenssatz „Ohne Fleiß keinen Preis" hätte, könnte dieser jetzt aktiv werden.

Das würde bedeuten, ich fühle mich vielleicht schlecht, weil ich in den Augen meiner Kollegin nicht fleißig genug war. Meine Kollegin hat recht, wenn sie mich jetzt nicht mehr respektiert, oder? Nein!

Natürlich ist es zweckmäßig und im Sinne einer kollegialen Zusammenarbeit notwendig, zugesagte Aufgaben und Vereinbarungen fristgemäß zu erledigen. Trotzdem kann es mal sein, dass Aufgaben nicht erledigt werden. Statt mich zu fragen, ob überhaupt eine Frist genannt wurde oder der Anspruch gerechtfertigt ist, reagiere ich emotional, ausgelöst durch meinen Glaubenssatz.

Wie wäre es, in dieser Situation auf das zu reagieren, was ist. Meine Kollegin erwartet ein Ergebnis. War mir bekannt, was genau, wann, wie? Hat sie mir das gesagt? Wenn ja, war es ein Fehler? Ist das ein Grund, mich schlecht zu fühlen? Wohl eher nicht. Ein anderer Glaubenssatz sagt nämlich: „Wer arbeitet, macht Fehler". Ist doch auch eine Option, oder?

Vielleicht habe ich es aber tatsächlich vergessen. Oder es ist in meiner Planung weiter hinten aufgelistet. Sollte ich die zeitlich festgesetzte Erledigung wirklich vergessen haben, ist eine Entschuldigung vielleicht angebracht – und eine neue, verbindliche Planung.

Je sachlicher und authentischer du auf einen Fehler reagierst, desto eher nimmst du die Energie aus dem Konflikt und einem möglichen Streit den Nährboden.

Statt zu interpretieren, was sein könnte, frage ich meine Kollegin besser: „Oh, wenn ich es vergessen habe, tut es mir leid. Bis wann brauchst du den Bericht?" Vielleicht stellt sich dann heraus, dass der Termin zwar vage vereinbart worden war, der Bericht aber erst in einer Woche zu einem Termin benötigt wird. Meine Kollegin hatte sich nur für ihre eigene Sicherheit einen Puffer eingebaut. Nebenbei biete ich mit diesem Verhalten ein positives Beispiel, wie man auch mit einem Fehler umgehen kann.

Wir alle haben Kernbotschaften von Pflichtbewusstsein, Rechtschaffenheit und Fleiß mehr oder weniger tief verinnerlicht. Wir haben, wie vorgesehen, meist unsere Ausbildung zu Ende gebracht, eine Familie gegründet, Kinder großgezogen, sind beruflich durchgestartet und stehen dann plötzlich in der Mitte des Lebens vor der Frage: „Soll das alles gewesen sein?"

Oder wie in meinem Fall, dass der Unfall mich mit der harten Realität konfrontiert hat und mein bisheriges, gut organisiertes Leben in kurzer Zeit auf den Kopf gestellt wurde. Ich hatte den Verlust meiner Lebenspartnerin zu verarbeiten und gleichzeitig für meine Töchter da zu sein. Nebenbei musste ich mich völlig neu erfinden und viele meiner Glaubenssätze wurden komplett infrage gestellt, ob ich es wollte oder nicht.

Natürlich habe ich mich in der Anfangszeit gefragt, „Warum passiert ausgerechnet mir das?" Ich habe Schuldige gesucht, denen ich das anhängen kann. Doch mein Umfeld hat mich darin unterstützt, wahrzunehmen was ist und zukunftsgerichtet darauf zu reagieren. Das hat sicher viele Menschen in meinem Umfeld davor bewahrt, einen verbitterten negativen Menschen ertragen zu müssen. Du siehst, auch ich habe Erfahrung im Negativ sein.

Kommen wir zurück auf unsere Glaubenssätze und ihre Wirkung auf uns und andere. Wer sagt mir denn, dass erst die Arbeit, dann das Vergnügen kommt? Wieso kann Arbeit nicht auch Vergnügen sein? Warum soll ich nicht mit etwas Geld verdienen, das mir auch noch Freude macht?

Wie wäre es, den Glaubenssatz positiv zu formulieren in: „Wenn ich etwas mit einer hohen Motivation mache, lässt sich damit auch Geld verdienen." Indem du dich auf deine Stärken und Werte konzentrierst und sie nutzt.

Warum sollte das Leben kein Wunschkonzert sein? Du kannst dir wünschen, was du willst. Und wenn du dich darauf konzentrierst, kann es wahr werden. Vielleicht kannst du mit 60 Jahren keine Karriere mehr als Profifußballer starten. Wenn du jedoch Fußball liebst, kannst du dich in das Umfeld begeben und deinen Beitrag dazu leisten. Du könntest junge Menschen trainieren, Spieler und Trainer beraten oder einfach nur im Fußballstadion aushelfen.

Wie wäre es, den Glaubenssatz umzuwandeln in: „Ich kann mir wünschen, was ich will und ich tue jeden Tag etwas dafür, dass es wahr wird."

Und was heißt „Ohne Fleiß keinen Preis"? Wer sagt, dass ich einen Preis erhalten muss?

Wer definiert, wie viel Fleiß genug ist? Wenn ich mich darauf konzentriere, in allen Situationen mein Bestes zu geben, dann ist das genug, um stolz auf mich zu sein.

DIE KRUX AN DEINEN GLAUBENSSÄTZEN - UND WAS NUN ZU TUN IST

Das Problem mit Glaubenssätzen ist, du wirst recht behalten. Glaubenssätze sind wichtig für unser Gefühl der Sicherheit und Eingebundenheit in das Leben. Trotzdem kann es manchmal gesünder sein, negative Glaubenssätze positiv umzuformulieren. Auf jeden Fall solltest du auf die Suche nach ihnen gehen, denn nur auf eine bekannte Gefahr kannst du reagieren.

Im Austausch mit anderen bewahrt es dich außerdem davor, dass Menschen dich mit deinen Glaubenssätzen manipulieren können. Deshalb ist es wichtig, diese aufzuspüren und zu hinterfragen. Das gibt dir die Freiheit, auf negative Vorhaben anderer zu reagieren und deine eigenen Interessen im Blick zu halten.

Denk doch bitte über Folgendes nach: Wenn du tust, was andere gut finden, dann werden dich einige mögen und andere nicht. Wenn du tust, was du gut findest, dann werden dich einige mögen und andere nicht. Was davon macht dir mehr Spaß?

Du wirst sehen, mit der Zeit macht es dir große Freude, nach und nach eigene und fremde negative Glaubenssätze zu erkennen und die eigenen positiv an dein Leben anzupassen. Darüber hinaus hat deine veränderte Haltung auch Einfluss auf die Menschen deiner Umgebung.

Indem du dir deine Glaubenssätze bewusst machst, gewinnst du Sicherheit. Und die Streitnixe dieser Welt verlieren zunehmend die Lust, sich mit dir anzulegen. Außerdem stärkt es dich im Konflikt mit Andersdenkenden, ganz egal, wie herausfordernd die Behauptungen oder gar Anfeindungen sind.

Mein unangenehmster Glaubenssatz war früher der Vergleich mit jemandem, wie zum Beispiel: „Schaue dir X an. Er ist erfolgreich. Das wirst du nie schaffen ..." Bei mir lief dann sofort ein Film ab, was ich bisher alles geschafft habe, mein Gegenüber das aber nicht sieht. Was soll ich noch alles machen? Gleichzeitig fühlte ich mich wie ein Versager. Kennst du das?

Der Glaubenssatz dahinter ist „Du bist nicht gut genug." So einfach, wie dramatisch. Diese Erfahrung hat mich früher immer wieder aufs Tiefste verletzt.

Viele von uns kennen diesen Glaubenssatz auch. Dabei spielt es keine Rolle, wie er formuliert ist oder, in welchem „Mantel" er auftaucht.

Nachstehend findest du sicher ein paar vertraute Beispiele, und wenn das einer deiner Glaubenssätze ist, wirst du darauf auch reagieren.

- „Ich bin nicht gut genug."
- „Ich darf nicht wütend / traurig / ärgerlich sein."
- „Ein Indianer kennt keinen Schmerz."
- „Ich bin zu dumm / unsportlich / ungeschickt / unmusikalisch."

- „Ohne Geld habe ich keine Chance."
- „Wenn ich um Hilfe bitte, ist das ein Zeichen von Schwäche."

Und hier noch ein paar Glaubenssätze, wenn du dein Lebensglück wirkungsvoll zerstören möchtest:

- „Eigenlob stinkt."
- „Ich bin zu jung / zu alt dafür."
- „Ich bin nicht gut genug ausgebildet / nicht schlau genug."
- „Geld verdirbt den Charakter."

Meine Freundin wurde als junges Mädchen oft von ihren Eltern, aber auch von anderen gefragt: „Wann heiratest du denn endlich?"

Bei den meisten jungen Frauen geraten bei dieser Frage ihrer Mütter alle Gehirnzellen in Aufruhr: „Ich finde keinen, weil ich zu dumm, zu schlau, zu hässlich, zu dick, zu dünn bin." „Ich schaffe es einfach nicht, einen Mann glücklich zu machen, sodass er bei mir bleibt."

Liebe Frauen, wir leben im 21. Jahrhundert und ich spreche nicht nur für mich, sondern sicher für viele Männer. Seid selbstbewusst, ihr seid gut genug – auch wenn eure Mütter euch vielleicht etwas anderes gesagt haben. Für die meisten Frauen, die bis in die 60er-Jahre jung waren, war es wichtig, einen Versorger zu finden. Da konnten sie nicht wählerisch sein. Deshalb waren die Glaubenssätze der Mütter dieser Zeit so gewählt, dass die Töchter einen geeigneten Mann finden konnten, wie zum Beispiel „Bescheidenheit ist eine Zier." Meine Tante hat das mal im Scherz ergänzt: „... aber besser lebt sich's ohne ihr."

Gerade in den 70er-Jahren und danach sind für Männer und Frauen neue Möglichkeiten des Zusammenlebens entstanden, trotz veralteter Glaubenssätze. Ich denke, es wird langsam Zeit, diese an das 21. Jahrhundert anzupassen.

Dies ist eine Anregung für meine weibliche Leserschaft: Wenn du das nächste Mal ein erstes Date mit einem Mann hast, probiere doch mal etwas aus. Wenn er dir zum Ende eures Treffens signalisiert, dass du nicht gut genug für ihn bist, dann reagiere selbst-bewusst darauf, indem du erwiderst: „Das verstehe ich gut, mir geht es genauso." Und dann lächle. Er kann dann noch eine Weile darüber nachdenken, wie du das wohl gemeint haben könntest. Und vielleicht wird er sich zukünftig anders verhalten. Du jedenfalls hat dich souverän aus der Situation verabschiedet.

ÜBUNG

Spüre einen negativen Glaubenssatz auf, den du gefühlt seit deiner Kindheit mit dir herumträgst. Es sollte ein Glaubenssatz sein, der auch heute noch dazu führt, dass du dich unwohl fühlst, wenn jemand das zu dir sagt.

Falls dir nichts einfällt, denk an eine Situation mit einer Person oder in einer Gruppe zurück, in der es dir nicht gut ging. Welchen Glaubenssatz vermutest du hinter deinen Gefühlen, deinen negativen Gedanken oder deinem Verhalten?

Wenn du etwas gefunden hast, dann schreibe es auf, formuliere es, wie es sich für dich anfühlt. Es gibt hier kein richtig oder falsch.

Dann formuliere diesen Glaubenssatz in eine positive Variante um.

Zum Beispiel:

- „Ich bin kein guter Vater bzw. keine gute Mutter" in „Ich liebe mein Kind und gebe mein Bestes" oder
- „Ich bin zu alt dafür" in „So lange ich lebe, kann ich alles erreichen."

Mit dieser Übung schaffst du dir ein hohes Maß an innerer Sicherheit und Selbst-vertrauen. Diese Haltung innerer Stärke wirkt auch nach außen und kann viel Kritik schon im Vorfeld beenden.

Am Anfang bist du vielleicht skeptisch und unsicher, ob das funktioniert. Das ist normal. Veränderung braucht Zeit, besonders, wenn du dein Weltbild hinterfragst. Doch die positive Veränderung des Glaubenssatzes wirkt wie ein Regenschirm gegen Menschen, die dich mit negativen Gefühlen überschütten wollen.

6
SCHATTENSPIELE

---

*„Wer wirklich etwas will, findet einen Weg. Wer nicht
wirklich will, findet Ausreden."*

— WILLY MEURER

Zur Einführung möchte ich gern diese Parabel nutzen:

DIE GESCHICHTE VON DEN ZWEI WÖLFEN

Eines Abends erzählte ein alter Cherokee-Indianer seinem
Enkelsohn am Lagerfeuer von einem Kampf, der in jedem
Menschen tobt. Er sagte: „Mein Sohn, der Kampf wird von zwei
Wölfen ausgefochten, die in jedem von uns wohnen.

Einer ist böse. Er ist der Zorn, der Neid, die Eifersucht, die
Sorgen, der Schmerz, die Gier, die Arroganz, das Selbstmitleid,
die Schuld, die Vorurteile, die Minderwertigkeitsgefühle, die
Lügen, der falsche Stolz und das Ego.

Der andere ist gut. Er ist die Freude, der Friede, die Liebe, die Hoffnung, die Heiterkeit, die Demut, die Güte, das Wohlwollen, die Zuneigung, die Großzügigkeit, die Aufrichtigkeit, das Mitgefühl und der Glaube."

Der Enkel dachte einige Zeit über die Worte seines Großvaters nach, und fragte dann: „Welcher der beiden Wölfe gewinnt?" Der alte Cherokee antwortete: „Der, den du fütterst."

Es ist vielleicht nicht immer einfach, aber deshalb nicht weniger wichtig, wem wir unsere Energie geben. Sei positiv und motiviert, auch wenn du von Mitmenschen umgeben bist, die dich demotivieren. Wenn du nach vorne schauen willst und jemand dich mit all den negativen Erfahrungen der Vergangenheit zuschüttet. Wenn wichtige Menschen in deinem Leben deinen Optimismus nicht teilen und sich stattdessen selbst bemitleiden.

Kommt dir das bekannt vor? Du bist damit nicht allein. Ganz besonders, wenn du auf deinem Weg des persönlichen Wachstums bist oder deinen eigenen, ganz persönlichen Traum verwirklichen willst.

Kommen wir jetzt zu einem wichtigen Punkt der Selbstreflexion. Auch wenn du das vielleicht nicht gerne hören magst: Du lässt zu, dass jemand dich positiv oder negativ beeinflusst. Du entscheidest, wohin dein Blick geht, auch wenn es dir manchmal gar nicht bewusst ist.

DIE 3 TEILBEREICHE UNSERER PSYCHE

Laut dem Psychoanalytiker Carl Gustav Jung besteht unser Selbst aus drei Teilen:

Das **Ich oder Bewusste** verkörpert unsere bewusste Vorstellung von uns, mit der wir uns identifizieren. Dieser Teil macht etwa 3 % unseres Selbst aus.

Unsere bewussten Verhaltensweisen haben für uns keine Bedeutung. Diese Macken und Eigenschaften sind für uns nichts Besonderes, quasi ein „alter Hut", weil wir sie kennen und angenommen haben.

Zum Beispiel: Ich bin eher überkorrekt, ja manchmal sogar pedantisch und weiß das auch. Wenn jemand mir das vorwirft, werde ich wahrscheinlich zustimmen und mich nicht darüber aufregen.

Im **Unbewussten** befinden sich Charaktereigenschaften, Glaubenssätze und Impulse, bei denen uns in der Kindheit von unseren Bezugspersonen gespiegelt wurde, dass sie unerwünscht bzw. schlecht seien. Als Reaktion haben wir diese Teile unterdrückt, um die Liebe der Eltern oder Bezugspersonen nicht aufs Spiel zu setzen.

Dieser Teil macht zwischen 90 und 95 % aus, je nach wissenschaftlicher Interpretation. Die Anteile, die tief im Unbewussten liegen, beeinflussen uns zwar auch. Doch sie sind sehr mühsam zu identifizieren und lassen sich damit kaum beeinflussen.

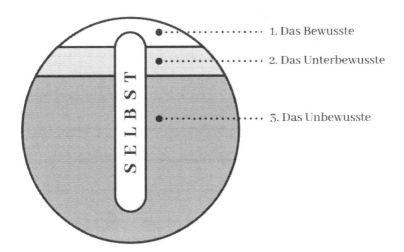

Zwischen diesen beiden Bereichen gibt es eine Ebene des **Unterbewussten**. Hier verstecken sich die Persönlichkeitsanteile, die wir selbst nicht bewusst wahrnehmen, die jedoch an die Oberfläche drängen. Diesen Bereich nennt Jung „Schatten". Hier handelt es sich um unterdrückte, unerwünschte und verdrängte Wesenszüge, aber auch versteckte Vorlieben. Andere Menschen können manchmal solche Schattenanteile bei uns klar erkennen, während wir selbst einen „blinden Fleck" haben.

WARUM IST DAS WICHTIG?

Dieser Teil ist aktiv, wenn wir uns über etwas oder jemanden aufregen und ist damit besonders interessant im Umgang mit anderen. Hier ist das spannende Theater. Hier erfährst du deine wirklichen Motive, wenn du dich darauf einlässt.

Wenn jemand zu dir sagt, du seist rechthaberisch, selbstgerecht oder arrogant und eine deiner Annahmen oder Glaubenssätze im Unterbewussten wird angesprochen, würdest du dich wahrscheinlich darüber aufregen. Wenn du dieses Verhalten zwar gelegentlich an den Tag legst, es dir aber nicht eingestehst, würdest du vielleicht konsequent bestreiten, dass du so bist.

Hier hat der Filter versagt. Du kannst es abstreiten, Beweise und Belege dagegen halten und es wird vielleicht eine Weile funktionieren. Doch jetzt ist diese ungeliebte Eigenart aus der Kiste. Ist es dir sehr wichtig, dass deine „Schwäche" nicht bekannt wird, könntest du möglicherweise sehr viel Energie dafür einsetzen, dass dieser Vorwurf nie wieder auftaucht. Notfalls beendest du die Beziehung zu der Person, um das nie wieder hören zu müssen.

Glaubst du, das funktioniert? Wohl eher nicht. Wenn es nämlich wahr ist und dieser Teil im Unterbewussten auf Befreiung lauert, wird ein anderer Mensch diesen Schalter drücken. Wenn dich ein

Thema über die Maßen verärgert oder anderweitig intensiv bewegt, handelt es sich dabei wahrscheinlich um Verhaltensweisen, die du an dir ablehnst. So ergeht es auch anderen Menschen. Wenn sich Menschen in Zukunft über dich völlig unerklärlich aufregen, verstehst du nun, was die Ursache sein könnte. Du hast wahrscheinlich eines seiner unverarbeiteten Themen in seinem Unterbewussten angesteuert. Das mögen Menschen nicht so gern. Deshalb nutzen sie unterschiedlichste Strategien, um das zu vermeiden. C.G. Jung hat das mal definiert: „Der Schatten ist alles das, was du auch bist, aber auf keinen Fall sein willst."

Dabei müssen Schatten nicht zwingend negativ sein. Es gibt dort auch verlorene Seelenanteile, deren Wiederentdeckung deiner Heilung und deinem Wachstum dienen. Wenn du dir diese abgespaltenen Anteile wieder aneignen könntest, erhältst du damit einen Zuwachs an Lebensfreude.

Manchmal sind es Vorlieben, die du dir nicht erlaubst, auf die du bei anderen neidisch reagierst und die du noch entwickeln möchtest. Oft sind es schmerzhafte Kindheitserfahrungen oder prägende Einflüsse des früheren sozialen Umfelds, die zu der Entscheidung geführt haben, einen Teil deines Potenzials nicht leben zu wollen oder können. Die Mechanismen, die einst diese Abspaltung deiner Persönlichkeitsaspekte entschieden haben, sind auch im Erwachsenenleben noch aktiv. Wenn sich etwas verändern soll, braucht es deine bewusste Aufmerksamkeit.

Das bedeutet, wenn diese Anteile erst mal an die Oberfläche vorgedrungen sind, verschwinden sie nicht mehr. Und es gibt dann ein Problem: Je mehr du versuchst, diese negative oder verstörende Erkenntnis zu vermeiden, desto mehr Macht erhält sie über dich. Das Leugnen oder Widersetzen gegen derartigen Gedanken führt zu mehr Unruhe und mehr Aufregung.

WAS BEDEUTET DAS NUN FÜR DEN UMGANG MIT NEGATIVEN MENSCHEN?

Im Grunde projizieren sie ihre Schatten auf dich.

Eine Kollegin regt sich beispielsweise regelmäßig über deine Besserwisserei auf. Natürlich kannst du dich zuerst hinterfragen, ob du vielleicht wirklich so erscheinen magst. Wenn das aber nicht der Fall ist, überträgt deine Kollegin ihre eigene Ablehnung ihrer Rechthaberei auf dich. Das mag ihr nicht bewusst sein, doch die Aufregung ist ein Anzeichen dafür, dass etwas in ihr reagiert.

Überlege mal, wie oft sie darauf besteht, recht zu haben. Vielleicht fühlt sie sich auch von dir und deinem Wissen bedroht oder genervt. Dafür kannst du in der Regel nichts, das hat mit alten Kindheitserfahrungen deiner Kollegin zu tun.

Als Kind wurde sie vielleicht dafür getadelt, belehrend oder altklug zu sein, und nun versucht sie mit aller Macht, diese Art in sich zu unterdrücken. Wenn du dich dann selbstbewusst und „ungehemmt" so rechthaberisch gibst, löst das in ihr Empörung oder vielleicht auch heimlichen Neid aus. Dann regt sie sich darüber auf.

Wenn du dich also über ein Verhalten, zum Beispiel deiner Vorgesetzten, aufregst, frage dich, ob es vielleicht etwas mit dir zu tun hat. Erinnert dich ihr Verhalten an eigene ungeliebte Verhaltensweisen? Oder wärst du gern auch mal so durchsetzungsstark wie sie?

Manchmal können uns gerade „Feinde" oder eben furchtbare Vorgesetzte bei der eigenen Entwicklung unterstützen, weil sie uns den Spiegel vorhalten. Also bedanke dich gedanklich bei dieser Person, die dich auf deine „Schwächen" hingewiesen hat und bearbeite diese von dir ungeliebte Eigenschaft.

SCHATTENSUCHE

Wenn du deine Schatten aufspüren möchtest, achte auf Folgendes:

- Du reagierst nur deshalb so heftig oder sogar irrational auf Verhaltensweisen mancher Menschen, weil sie deine unterdrückten Eigenschaften repräsentieren.
- Oder du glorifizierst jemanden, weil dieser Mensch genau die Eigenschaften repräsentiert und auslebt, die du dir selbst nicht zugestehst.
- Manchmal hast du auch das Gefühl, als stündest du unter fremder Kontrolle.
- Du verhältst dich wiederholt auf eine Weise, die du im Nachhinein nicht verstehst.

Diese Erkenntnisse sind ein Hinweis auf deine Schatten, wenn sie das Ruder übernommen haben, ohne dich zu fragen.

Manchmal kann es hilfreich sein, den Schattensack zu öffnen und einige Schatten daraus zu befreien. Nämlich dann, wenn dich das Gewicht des Sacks herunterzieht.

Wenn dich die Belastung daran hindert, der Mensch zu sein, der du eigentlich gerne sein möchtest. Dann ist es an der Zeit, den Sack aufzuschnüren. Und hebe die verborgenen Schätze unbekannter schöpferischer, nützlicher Energie.

Wenn du dich entschließt, den Sack zu öffnen und einen Teil des darin befindlichen Materials zu betrachten, schaffe dir eine sichere Umgebung. Du möchtest sicher nicht im öffentlichen Raum oder im Büro eine lang unterdrückte Trauer ausleben oder erste Experimente mit Wut durchführen.

Auch wenn dir das jetzt bedrohlich erscheint, das ist es nicht. Durch das Freilassen belastender Schatten steht dir viel neue Lebensenergie zur Verfügung.

ÜBUNG

Erinnere dich an eine Situation, in der du dich furchtbar über einen Menschen aufgeregt hast. Worum ging es dabei? Was hat dich besonders aufgeregt, besonders gestört?

Wenn du das identifiziert hast, überlege, ob du dieses Verhalten, diese Eigenart auch an dir schon wahrgenommen hast. Vielleicht denkst du „Das macht man nicht", „Das ist nicht fair" oder Ähnliches. Frage dich, was genau der Grund ist, warum du dich so aufregst.

In den meisten Fällen stellen Menschen fest, dass sie diesen Anteil auch in sich tragen, nur vielleicht als negative und ungeliebte Eigenschaft einstufen.

7
SELBSTFÜRSORGE AT IT'S BEST

„Es gibt kein zufälliges Treffen. Jeder Mensch in unserem Leben ist entweder ein Test, eine Strafe oder ein Geschenk."

— UNBEKANNT

DER WICHTIGSTE MENSCH AUF DIESER WELT... BIST DU SELBST!

$\mathcal{F}$ällt es dir manchmal schwer, Grenzen zu ziehen, wenn andere deine Zeit und deine Aufmerksamkeit über die Maßen beanspruchen? Dann kann es sein, dass du deine Bedürfnisse weniger wichtig nimmst als die der anderen. Es wird Zeit, dass du dich mehr um dich kümmerst.

Die Arbeitswelt hat sich in den letzten Jahren sehr verändert. Die psychischen Anforderungen an Arbeitende haben stark zugenommen. Zeit- und Termindruck sowie eine verdichtete Arbeitszeit mit komplexen Anforderungen zählen zu den häufigsten Belastungsfaktoren. Durch technische Errungenschaften sind wir dauernd erreichbar und rund um die Uhr mit sozialen und technischen Medien verbunden. Deshalb ist dieses Kapitel dem Thema Selbstfürsorge gewidmet.

Selbstfürsorge soll hier so verstanden werden, dass du dich selbst und deine Bedürfnisse wahrnimmst und das eigene Handeln danach ausrichtest. Damit soll deine körperliche und seelische Gesundheit erhalten und gestärkt werden.

Ergänzend erwähne ich noch die Definition der WHO zu psychischer Gesundheit „als ein Zustand des Wohlbefindens, in dem eine Person ihre Fähigkeiten ausschöpfen, die normalen Lebensbelastungen bewältigen, produktiv arbeiten und einen Beitrag zu ihrer Gemeinschaft leisten kann".

Selbstfürsorge ist demnach absolut notwendig für ein gesundes und erfülltes Leben. Hierbei geht es jedoch nicht nur um den Spaziergang am Sonntag oder den gemütlichen Abend im Restaurant. Es geht um deine Lebensenergie und dafür reicht es in der Regel nicht aus, zweimal im Jahr ein paar Tage Urlaub zu machen. Doch einige Menschen glauben ernsthaft, dass damit die Batterien für die restlichen Tage des Jahres wieder aufgeladen sind. Wenn du jedoch körperlich und seelisch gesund bleiben willst, gestalte dein Leben besser so, dass du keinen Urlaub brauchst – und dann mache Urlaub.

Insbesondere die psychischen Herausforderungen werden in den nächsten Jahren zunehmen, nicht nur durch Corona. Laut WHO befinden sich psychische Erkrankungen in der Statistik bereits auf Platz 3 nach Herz-Kreislauf- und Krebserkrankungen.

Das Ergebnis einer angemessenen Selbstfürsorge ist, dass du lernst, deine Bedürfnisse wahrzunehmen und zu respektieren. Im

Umgang mit den Menschen, die das nicht interessiert, lernst du, Nein zu sagen oder dich abzugrenzen, wenn das notwendig sein sollte.

Nehmen wir ein Beispiel:

Du hattest einen guten Tag, doch dann ruft dich deine Mutter an und macht ihrem Ärger über den Nachbarn ausführlich Luft. Eigentlich wolltest du dich gerade gemütlich auf die Couch setzen und entspannen. Damit scheint es jetzt vorbei zu sein. Oder?

Natürlich ist es sehr schwer, bei einer persönlichen Beziehung das Gespräch einfach abzubrechen. Du möchtest ja für dein Gegenüber da sein. Trotzdem gibt es Situationen, da kannst du dir das Recht herausnehmen, für dein Wohlbefinden zu sorgen.

In so einem Fall könntest du vielleicht sagen: „Mutter, ich bin gerade von der Arbeit gekommen, kann ich dich in einer halben Stunde zurückrufen?" Oder, wenn es gar nicht passt „Ich muss in zehn Minuten los, lass uns bitte morgen telefonieren. Dann habe ich Zeit für dich." Das kann zugegebener Maßen unangenehm sein. Es ist aber ehrlich. Oder?

Das erinnert mich an meine Freundin Steffi, die ich sehr mag. Wenn sie anruft, kann ich aber meist davon ausgehen, dass sie sich gerade wieder mit ihrem Freund gestritten hat. Ich bin eher lösungsorientiert, doch damit komme ich bei ihr nicht weiter.

Nachdem ich den Ablauf des Gespräches mittlerweile kenne, höre ich ihr zu und gebe ihr Gelegenheit, ihrem Ärger Luft zu machen. Nach einer Weile frage ich sie, ob ich jetzt etwas für sie tun kann, da ich etwas Wichtiges erledigen muss.

Wenn sie meine Unterstützung braucht, bin ich natürlich für sie da: Wenn nicht, möchte ich mich gerne wieder um meine Belange kümmern.

Auf den ersten Blick mag das hart erscheinen, hat aber gleich zwei Effekte. Ich komme zu den Dingen, die für mich wichtig sind. Und meine Freundin weiß, dass ich für sie da bin. Sie wird aber durch die begrenzte Zeit wieder auf sich und ihre Eigenverantwortung fokussiert, statt auf das Problem.

Hieraus wird sehr deutlich: Wenn wir uns nicht um uns selbst kümmern, kann das zahlreiche gesundheitliche und seelische Probleme zur Folge haben. Zu den körperlichen und psychischen Beschwerden kommt dann vielleicht auch noch die persönliche Unzufriedenheit. Du fühlst dich schlecht. Und das nur, weil du die eigenen Bedürfnisse hinten anstellst oder gar ignorierst und dich damit selbst vernachlässigst.

Doch auch wenn du oft schon erkannt hast, dass du eine Auszeit brauchst, machst du das oft nicht. Du glaubst vielleicht, es wäre unfair, erst an dich zu denken, dann an die anderen.

Und da sind sie wieder, unsere Glaubenssätze: „Ohne Fleiß, keinen Preis" oder „Erst die Arbeit, dann das Vergnügen." Für sich selbst zu sorgen, Pause machen oder Zeit für sich zu haben, wirkt dann falsch oder sogar egoistisch.

Selbstfürsorge bedeutet jedoch insbesondere, die Beziehung zu dir selbst positiv zu gestalten sowie dich, deine Gedanken und Gefühle ernst zu nehmen.

Und es bedeutet, mehr von dem zu tun, was dich unterstützt und weniger von dem, was dich herunterzieht. Das schließt auch berufliche und private Beziehungen ein. Es geht darum, dein Leben so zu gestalten, dass du dich wohlfühlst und wachsen kannst.

KUGELSICHERE STRATEGIEN FÜR MEHR SELBSTFÜRSORGE

Dafür mache ich dir ein paar Vorschläge, die du regelmäßig anwenden kannst:

Nimm deine Bedürfnisse ernst

Kennst du den Satz „Liebe deinen Nächsten wie dich selbst"? Wenn du das wörtlich nehmen würdest, könntest du dich um dich kümmern, ohne dabei ein schlechtes Gewissen zu haben.

Hast du dich schon mal dabei ertappt, dass deine Nachsichtigkeit gegenüber anderen größer ist, als dir selbst gegenüber? Kritisierst du dich für ein Verhalten, das du anderen verzeihen würdest? Hör auf damit! Stell dir vor, was dein bester Freund oder deine beste Freundin zu dir sagen würde. Sicher wäre es freundlicher. Und du hast das verdient.

Nimm dir Zeit für dich, deine Freunde und deine Hobbys. Dabei achte mehr auf die Qualität als auf die Quantität. Wenn du zum Beispiel den Besuch bei deiner besten Freundin, deinem besten Freund planst, stell sicher, dass du diesen Besuch zeitoffen planst. Das heißt, plane den Besuch nicht zwischen zwei Terminen, weil es gerade gut reinpasst: „Ich bin gerade in der Nähe, lass uns zusammen essen gehen." Nimm dir Zeit. Lass geschehen, was geschehen will. Oft sind das die besten Momente.

Mach mal Pause

Manchmal reicht eine Mittagspause nicht aus, um einen 8-Stunden-Tag zu überstehen. Nutze daher jede Möglichkeit, dich zu bewegen, frische Luft zu tanken und regelmäßig zu trinken. Manchmal kann auch schon ein kurzes Gespräch mit einer

Kollegin wie eine kleine Auszeit wirken. Es hilft dir, die Gedanken zu stoppen und neue Impulse aufzunehmen.

Respektiere deine Grenzen

Wir Menschen sind unterschiedlich. Während ich gern aktiv bin und eher viel um die Ohren habe, ist meine Freundin eher der Ruhepol. Sie erinnert mich des Öfteren daran, zwischendurch eine Auszeit in meinen privaten Terminkalender einzutragen. Ich bemerke meine Überlastung manchmal erst, wenn sie schon da ist. Deshalb nehme ich den Hinweis meiner Freundin sehr ernst.

Vielleicht fällt es dir schwer, „Nein" zu sagen und ehe du dich versiehst, ist dein Wochenende mit der Hilfe im Garten deiner Freundin oder bei einem Umzug eines Kollegen verplant. Wenn du, wie ich, oft zu spontan zusagst, um dann hinterher festzustellen, dass es ungünstig ist, verschaffe dir Zeit.

Antworte nicht sofort, sondern biete an, dich morgen oder zu einem anderen Zeitpunkt zu melden. Dann kannst du in Ruhe überlegen, ob das für dich passt oder nicht – und dann entscheide dich. Ja oder nein. Und wenn du Nein sagst, stehe dazu. Du musst es nicht erklären.

Nutze das Pareto-Prinzip

Das nach Vilfredo Pareto benannte Pareto-Prinzip befasst sich mit der Beziehung zwischen Aufwand und Ergebnis: 80 % der Wirkung können durch 20 % der beteiligten Faktoren erreicht werden. Wenn du den Perfektionisten gehörst, die immer alles richtig gut machen wollen, kann dich dieses Modell entlasten.

Es besagt nämlich, dass sich bei richtiger Priorisierung mit nur 20 Prozent aller Bemühungen häufig schon 80 Prozent der

Arbeit erledigen lassen. Und mit 20 Prozent der richtig einge-setzten Zeit lassen sich 80 Prozent der Aufgaben erledigen. Das klingt doch großartig, oder? Jetzt müsstest du nur noch wissen, welche Bemühungen und welche Zeit du so einsetzen musst. Das ist allerdings kein Schalter, den du einfach umlegst. Es ist ein Prozess, der damit beginnt, dass du wahrnimmst, wann du wieder mal etwas 150-prozentig oder überperfekt fertigstellen möchtest. Verstehe mich hier bitte nicht falsch.

Wenn du zum Beispiel ein Möbelstück baust, dann möchtest du dich natürlich hinterher nicht über ungerade Kanten oder heraus-stehende Schrauben ärgern. Sorgfältige Arbeit ist damit nicht gemeint, sondern die vermeidbaren Aufgaben. Zum Beispiel kannst du dir vielleicht das Lackieren der Rückseite ersparen, weil es niemand sieht.

Oder wenn du die Küche oder das Bad reinigst, soll es dann natürlich sauber sein, doch eine Desinfektion ist nur in den seltensten Fällen erforderlich. Das kannst du dir also meist ersparen.

Du kannst beim Einkauf, einem Meeting oder einem Projekt vorab etwas Zeit für die Vorbereitung verwenden. Zum Beispiel einen Einkaufszettel oder eine Agenda schreiben, was genau gebraucht wird. Diese Zeit und mehr, gewinnst du während der Umsetzung.

Gönne dir regelmäßig etwas Schönes

Dabei geht es nicht in erster Linie um Käufliches, auch wenn das natürlich dazu gehört. Manchmal sind es aber eher die kleinen Rituale, die Genuss und Freude schaffen.

Ich genieße es zum Beispiel, wenn ich morgens meinen Kaffee entspannt im Bett trinken und nebenbei noch lesen kann. Das geht nicht jeden Tag, doch zwei- bis dreimal pro Woche gelingt mir das und das ist schön.

Oder ich treffe mich mit meinem Bruder. Wir teilen den gleichen, vielleicht etwas skurrilen Humor. Wenn wir ins Quatschen kommen, vergeht die Zeit wie im Flug. Wir lachen viel und ausgiebig über die Verrücktheiten, die uns so im Alltag begegnen und erfreuen uns einfach nur am Zusammensein. Ich genieße solche Abende, auch wenn sie selten sind.

Diese kleinen Fluchten sind das Glückselixier unseres Lebens, gönne sie dir so oft wie möglich.

Tagebuch schreiben

Das Tagebuch ist besser als sein Ruf, denn es kann dir Klarheit und Übersicht in deinem Leben verschaffen. Nimm dir abends oder morgens etwas Zeit und reflektiere oder plane deinen Tag in schriftlicher Form. Ich mache das regelmäßig, denn es zentriert und organisiert mich.

Meistens schreibe ich morgens beim Kaffee und überlege mir, was heute so ansteht, plane, überlege, was zu tun ist. Ab und zu mache ich mir eine Liste, was ich heute alles erledigen will. Auch wenn ich oft nicht alles schaffe, hilft es mir doch, fokussiert zu bleiben.

Oder ich habe tagsüber etwas erlebt, dass ich gern noch durchdenken und reflektieren möchte. Das klappt für mich am besten, wenn ich alles aufschreibe, was mir dazu durch den Kopf geht – und danach bespreche ich es mit meiner Freundin, wenn ich noch weiteren Austausch brauche.

ÜBUNG

Diese Übung soll dich dafür sensibilisieren, in welchen Situationen du dich selbst nicht genügend wertschätzt oder deine Bedürfnisse hinter die der anderen stellst. Mit dieser Übung spürst du kleine Alltagsfallen auf, die dich Zeit und Nerven kosten.

Gehe für eine Woche durch dein Leben und frage dich vier- bis fünfmal am Tag in verschiedenen alltäglichen Situationen: „Tut mir das hier und jetzt gut?"

Merke oder notiere es dir und schau dir abends an, was du beobachtet hast. Wenn du zum Beispiel am Arbeitsplatz bist: Welche Kollegen tun dir gut, welche nicht?

Welche Situationen kosten dich Kraft, welche nicht?

Nach einer Woche – oder auch schon eher – wirst du feststellen, dass du ein Gespür dafür entwickelst, welche Menschen und Situationen dich unterstützen und welche dich Energie kosten. Und dann mache mehr von dem, was dir guttut und weniger von dem, was dir missfällt.

Doch Vorsicht: Bevor du jetzt gleich deinen Job aufgibst oder die Lebensgefährtin rauswirfst, gehe noch mal in dich, ob die Bilanz wirklich so schlecht ist, dass das Negative so deutlich überwiegt. Dass die Situation unbedingt jetzt und sofort beendet werden muss. Besser ist es, Schritt für Schritt vorzugehen. Zuerst wahrnehmen, dann ansprechen. Wenn möglich, gemeinsam ändern und wenn gar nichts mehr geht, Alternativen suchen und Veränderung beginnen.

8
RAUS AUS DER NEGATIV-FALLE

„In welchem Teufelskreis Du auch immer bist, Du bist frei, ihn zu durchbrechen. Und wenn Du ihn nicht durchbrichst, dann bleibst Du, wiederum aus freien Stücken, in diesem Teufelskreis. Also begibst Du Dich aus freien Stücken in die Hölle.“

— J. P. SARTRE

---

*J*etzt widmen wir uns den Menschen, die eher gewollt als ungewollt unsere Zeit über die Maßen beanspruchen oder uns derart auf die Nerven gehen, dass sie unsere Lebensenergie verbrauchen. Wir werden sehen, was wir ihnen entgegensetzen können und tauchen ein in die bunte Welt der Alternativen.

TOXISCHER MENSCH IM ANMARSCH

Der Umgang mit „schwierigen Menschen" fordert uns heraus, nimmt uns Energie und bringt uns an unsere Grenzen. Da gibt es Menschen, die nicht zuhören können oder regelmäßig deine Grenzen überschreiten und sich dabei immer selbst in den Mittelpunkt stellen müssen. Andere wiederum versuchen ständig auf unangenehmste Art und Weise Kontrolle oder Macht an uns auszuleben.

Und manchmal triffst du einem Menschen und hast danach das Gefühl, total erschöpft, müde und ausgelaugt zu sein. Dein Instinkt sagt dir, dass du ungern mehr Zeit mit diesem Menschen verbringen möchtest, auch wenn du gar nicht genau sagen kannst, was dich so sehr stört.

Dann hast du es wahrscheinlich mit einem „Sauger" zu tun, einem toxischen Menschen, der langsam, aber sicher deine Energie abzieht. Wenn du einem solchen Menschen an deinem Arbeitsplatz oder in deinem privaten Umfeld begegnest, ist es wichtig, frühzeitig darauf zu reagieren und dich abzugrenzen. Je länger du wartest, desto schwieriger und unangenehmer wird die Abgrenzung.

Toxische Menschen erkennst du an verschiedenen typischen Verhaltensweisen:

- Sie tun, was nötig ist, um ihre eigenen Bedürfnisse zu befriedigen.
- Sie kritisieren, lästern, lügen, mobben, spielen Menschen gegeneinander aus.
- Sie betrachten sich immer als Opfer, Schuld sind die anderen oder die Umstände.
- Sie sind distanzlos und über griffig und insgesamt eher destruktiv.

KATASTROPHALE AUSWIRKUNGEN AUF DEIN LEBEN

Der Umgang mit negativen Menschen hat meist zur Folge, dass du deine positive Lebensenergie verlierst. Nach dem Kontakt mit so einem Menschen fühlst du dich ausgelaugt, müde und manchmal sogar traurig, wütend oder gereizt. Deshalb solltest du ausreichend Abstand zu negativen Menschen einhalten und Maßnahmen im Umgang mit ihnen treffen. Denn: Es geht um deine emotionale und physische Gesundheit.

Eine Studie des University College in London aus dem Jahr 2020 zeigt, dass wiederholte negative, pessimistische Gedanken zu einem kognitiven Rückgang sowie zu Ablagerungen schädlicher Proteine im Gehirn führen können. Eine der möglichen Folgen ist Alzheimer. Das bedeutet, der regelmäßige Kontakt zu toxischen Menschen schadet deiner Gesundheit.

Es ist normal, dass dich die Energie deines Umfeldes und der Menschen in deiner Umgebung bis zu einem gewissen Grad beeinflusst. Und nicht alle Begegnungen mit Energieräubern lassen sich vermeiden. Deshalb benötigst du eine Bewältigungsstrategie, um diesen negativen Einflüssen etwas zu entgegnen.

Eine wichtige Ursache für dieses negative Verhalten dieser Menschen liegt in frühen Erfahrungen von Schmerz, Leid, Enttäuschungen und Unsicherheiten aller Art. Da diese Menschen nie gelernt haben, mit diesen Emotionen und Gefühlen konstruktiv umzugehen, projizieren sie diese negativen Gefühle auf andere Menschen. Einigen schafft es auch ein Gefühl der persönlichen Befriedigung, wenn du danach auch in schlechter Stimmung, traurig oder gar wütend bist. Dann sind diese Menschen mit ihren unbearbeiteten Gefühlen nicht allein.

Gerade besonders empathische Menschen sind oft das Ziel, weil sie Mitgefühl und Nähe ausstrahlen und weil sie nachempfinden können, was der andere fühlt. Bist du so ein Mensch, dann gibt es nur eine Möglichkeit, dich zu schützen: durch emotionale Distanz.

DAS SAMMELSURIUM NEGATIVER VERHALTENSWEISEN

Wenn ich diesen anspruchsvollen Menschen etwas entgegensetzen möchte, ist es wichtig, die verschiedenen negativen Verhaltensweisen frühzeitig zu erkennen.

Die nachstehende Auflistung beinhaltet die häufigsten und wichtigsten Möglichkeiten, sich negativ zu verhalten. Es gibt natürlich viele weitere Unterformen und Abwandlungen:

1. Jammern und Nörgeln

Negative Menschen dieses Typs haben immer einen Grund, um auf etwas oder jemanden zu schimpfen. Wenn du sagst: „Schön, dass die Sonne scheint." Dann ist die Antwort: „Mir ist es zu warm und die Sonne ist einfach zu grell."

Oder du sagst: „Endlich Regen, das tut der Natur gut." Dann folgt: „Furchtbar, das verdirbt mir meine Laune." Oder dieser Mensch beschwert sich über die Nachbarin, Partnerin, Mutter oder einfach die Weltlage. Menschen mit dieser Haltung beklagen sich ständig über alles.

Sie empfinden jede Herausforderung als zu schwer:

- „Die Arbeit nervt."
- „Ich hasse es, immer so früh aufzustehen."
- „Immer muss ich die miese Arbeit machen."
- „Nie darf ich zuerst gehen."

Insbesondere die verallgemeinernden Worte *immer* und *nie* sind ein Hinweis auf diesen Typus.

Sie fühlen sich als Opfer und sind davon überzeugt, dass sich die ganze Welt gegen sie verschworen hat. Sie sind frustriert und es besteht kein Interesse daran, etwas an der unangenehmen Situation zu ändern. Von Lösungsvorschlägen, egal wie sinnvoll oder hilfreich sie sein mögen, wollen diese Menschen nichts hören. Dann hätten sie ja keinen Grund mehr, sich zu beschweren.

Jeder von uns kennt mindestens eine Person, die zu jeder Lösung ein Problem findet, nach dem Motto: „Wenn du eine Lösung hast, dann behalte ich mein Problem."

Eine Unterart dieser Form steigert dieses Verhalten noch, indem kein anderer Mensch so sehr leidet wie er. Wenn du sagst, dass du heute sehr starke Rückenschmerzen hast, wird dieser Mensch erwidern, dass er bereits seit einer Woche kaum gehen kann vor Schmerzen. Damit soll verhindert werden, dass du für deine Schmerzen Zuwendung erhältst. Die möchte dein Gegenüber gern abgreifen.

2. Transformieren

Dieses Verhalten ist besonders anstrengend, denn Menschen mit diesem Konzept drehen dir das Wort im Mund um. Was immer du sagst, sie machen das Gegenteil daraus. Und sie lieben sich in der Opferrolle:

- „Heute siehst du richtig gut aus."
- „Was soll das heißen, sehe ich sonst etwa nicht gut aus?"
- „Das habe ich doch gar nicht gemeint."
- „Versuche jetzt nicht, dich herauszureden. Wie hast du das denn gemeint?"

Du hast keine Chance, wenn du dich auf diese Diskussion einlässt.

3. Kritisieren

Dieses Verhalten dient dazu, andere zu verurteilen, wenn sie nicht mit der eigenen Meinung übereinstimmen. Um sich besser zu fühlen oder wenn er sich bedroht fühlt, kann dieser Mensch sogar beleidigend werden: „Dass du das denkst, hätte ich nie erwartet. Ich hätte dich für schlauer gehalten."

Besonders unangenehm ist dabei die Kritik an Dingen, die unveränderlich sind: Alter, Geschlecht, Bildung, Aussehen. Hier wird direkt dein Selbstwertgefühl angegriffen.

Das ist nicht nur verletzend, sondern ist in höchstem Maße respektlos. Konstruktive Kritik oder Vorschläge sind natürlich ok. Doch wenn du in dich rein hörst, merkst du, ob es darum geht oder um ein Niedermachen.

4. Befehlen

Obwohl dieser Mensch die eigene Schwächen und Grenzen kennt, erwartet er trotzdem von anderen, was er selbst nicht auf die Reihe bekommt. Durch das Niedermachen des Gegenübers wird vom eigenen Versagen abgelenkt.

„Wieso ist das nicht fertig?" „Das habe ich nicht mehr geschafft, ich hatte einen Notfall."

„Du musst wohl mal an deinem Zeitmanagement arbeiten, dass das ja nicht zur Regel wird."

5. Konkurrieren

Hierbei geht es darum, sich mit anderen zu vergleichen und um Kontrolle. Wenn Menschen mit diesem Konzept sich selbst nicht für gut genug halten, ertragen sie es nicht, wenn jemand gut ist. Deshalb manipulieren sie die Ergebnisse so, dass sie besser da stehen. Wenn andere Erfolge erwähnen, werden sie gute Gründe finden, warum das nichts wert ist oder kontern, dass sie besser sind.

Oder sie sprechen nur über sich selbst und die eigenen Probleme sind das wichtigste Thema. In einem Gespräch mit diesem Menschen kommst du selbst nie zu Wort. Es dreht sich nur um ihn, und was in seinem Leben alles schief läuft. Niemand ist schlechter dran als sie.

Oft sind diese Menschen so voller Versagensängste, dass sie andere niedermachen müssen, um sich besser zu fühlen. Sie ertragen es nicht, dass andere mehr Erfolg haben als sie selbst.

„Hey, ich habe heute beim Joggen zehn Kilometer in 30 Minuten geschafft."

„Das ist doch gar nichts, letzte Woche habe ich in der Zeit zwölf Kilometer geschafft."

6. Kontrolle

Menschen mit diesem Verhalten wollen dir vorschreiben, wie du die Dinge zu machen hast. Nämlich so, wie sie es für richtig halten: „Wenn du es so machst, dann klappt es." Alternativen oder eine eigene Strategie kann nur schlechter sein und werden daher nicht akzeptiert. Oft fragen sie nach, ob du es wirklich so gemacht hast. Wenn nicht, kommt es vielleicht zu einer längeren Diskussion. Wenn du es anders gemacht hast, als vorgeschlagen und du bist nicht erfolgreich, kommt: „Siehst du, ich habe es dir doch gesagt. Du bist selbst schuld."

Es gibt viele Möglichkeiten, mit negativen Anfeindungen aller Art umzugehen. Manche sind geeigneter als andere. Zum einen in Bezug auf die Nachhaltigkeit für dich selbst. Das heißt, du beobachtest, ob es dir guttut, wenn du dich so verhältst. Zum anderen in Bezug auf die Wirkung. Das heißt, ob du damit erreichst, was du willst. Oder, ob du weitere Negativität erzeugst, was ja nicht das Ziel sein kann.

Ich vergleiche Negativität gerne mit schlechtem Wetter: Ich kann es nicht ändern, aber mit der geeigneten Haltung komme ich gut durch und sie kann mein Regenschirm sein.

Du bist nicht immer gleich bereit, dich einem Konflikt zu stellen. Heute fühlst du dich schwach, morgen strotzt du vor Selbstbewusstsein. Und egal, wie selbstbewusst du bist, es wird immer Situationen geben, in denen du dich unsicher fühlst. Respektiere deine Gefühle und stehe dazu.

Ich erlebe mich selbst manchmal geradezu streitlustig. Sehr oft passiert das, wenn ich Auto fahre: Dann fluche ich so oft und ausgiebig, dass ein Video von mir während einer Autofahrt wohl selbst meine besten Freunde schockieren könnte.

An anderen Tagen komme ich mir vor wie ein Feigling, weil ich eine ganz offensichtliche Beleidigung oder Konfrontation einfach heruntergeschluckt habe. Ich kann es aber auch anders formulieren: Ich hatte einfach keine Lust zu spielen!

Wie du mit Negativität umgehst, ist übrigens nicht festgelegt, sondern lässt sich jederzeit und je nach Situation verändern. Das bedeutet: Du kannst dich zu jeder Zeit entscheiden, an Konflikte positiv heranzugehen und weniger darunter zu leiden oder du entscheidest dich, es auf dich wirken zu lassen. Ab jetzt hast du die Wahl.

DIE 9 PHASEN EINES KONFLIKTS

Anhand des Phasenmodells des Konfliktforschers Friedrich Glasl erkennst du, auf welcher Stufe sich dein aktueller Konflikt befindet. Dann kannst du entscheiden, ob du den Streit weiterführen willst oder nicht. Am Ende gewinnt meist niemand, zumindest nicht langfristig.

Mit dem Phasenmodell der Eskalation legte Glasl 1980 ein Modell vor, das die Entwicklung von Konflikten als neunstufigen Prozess darstellt. Es bietet dir einen Einblick in die Entstehung und Entwicklung von Konflikten und besteht aus drei Hauptphasen bzw. -ebenen:

1. Hauptebene (Win-Win)

Die Konfliktparteien sind in der Lage, sachlich ihre Meinungsverschiedenheiten zu erörtern. Sie sind bereit und in der Lage, einen positiven Ausgang zu erreichen.

2. Hauptebene (Win-Lose)

Auf dieser Ebene herrscht bereits eine destruktive und subjektive Sphäre vor. Dabei bewahren die Konfliktparteien allerdings noch ihre moralischen Instanzen. Durch Intervention von außen ist eine Lösung noch möglich. Meist enden Konflikte auf dieser Ebene mit einem Verlierer und einem Gewinner.

3. Hauptebene (Lose-Lose)

Die dritte Ebene wird vor allem dadurch charakterisiert, dass beide Parteien selbstzerstörerisch agieren und gemeinsam ihr Gesicht verlieren. Dies äußert sich oft in fehlender Selbstbeherrschung, Zerwürfnissen und Verletzungen.

Innerhalb der drei Hauptebenen gibt es sogenannte Eskalationsstufen. Diese werden nicht als aufsteigende Leiter, sondern als herabsteigende Treppe visualisiert, da die Eskalation eines Konflikts für beide Parteien stets „in den Abgrund" führt.

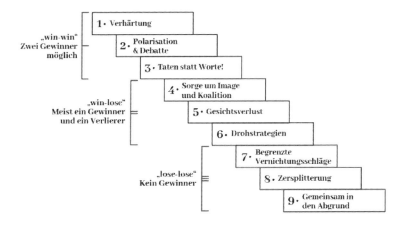

- Auf Stufe eins kommt es zu ersten Spannungen und Meinungsverschiedenheiten zwischen den beteiligten Parteien, die zunächst nicht als Konflikt wahrgenommen werden.
- Auf der zweiten Stufe kommt es schon zu Streitigkeiten zwischen den Konfliktparteien und ein typisches Schwarz-Weiß-Denken. Der Konflikt verschärft sich und es entwickelt sich ein handfester Streit.

- Auf Stufe drei berücksichtigen die Beteiligten keine Argumente mehr. Stattdessen geht es darum, dass beide Konfliktpartner nur noch die eigene Meinung durchsetzen möchten. Es findet keine Auseinandersetzung mehr statt. Stattdessen herrscht Schweigen oder Ignorieren.
- Ab der vierten Stufe geht es nicht mehr um die Lösungsfindung, sondern nur noch um das „Gewinnen". Es werden Koalitionen gebildet und Verbündete gesucht, um den eigenen Standpunkt zu stärken. Der Konfliktgegner soll von der eigenen Meinung überzeugt werden.
- Die Stufe fünf ist vom Wegfall der Moral und des gegenseitigen Vertrauens geprägt. Es geht um das Bloßstellen und den Gesichtsverlust des Gegners durch direkte und persönliche Angriffe. Der Konfliktgegner wird bewusst lächerlich gemacht, bloßgestellt oder schikaniert. Es wird nur noch für den eigenen Sieg gekämpft.
- Ab der Stufe sechs kann ein Konflikt nicht mehr diplomatisch gelöst werden. Es wird zu unlauteren Mitteln gegriffen. Drohungen und Erpressungen sind geeignete Mittel, um die eigene Macht zu demonstrieren und den Konfliktgegner zum Einknicken zu bewegen.
- Ab Stufe sieben kann keiner mehr gewinnen. Hier geht es nur noch darum, dem Gegner zu schaden. Dabei wird eigener Schaden billigend in Kauf genommen, sofern der Gegner einen größeren Schaden hinnehmen muss. Es geht nicht mehr um den eigentlichen Konflikt. Gerade Konflikte im Privatbereich können aufgrund der emotionalen Bindung auf dieser Stufe lebensbedrohlich werden. Der Film „Rosenkrieg" hat das sehr eindrucksvoll demonstriert.

- In der achten Stufe verfolgen die Beteiligten das Ziel, das feindliche System zu zerstören. Es gibt keine Grenzen mehr, sodass auch Angehörige und Unbeteiligte zu Opfern in diesem Streit werden können.
- Die letzte Stufe führt direkt in den Abgrund. Beide Konfliktparteien versuchen, den Gegner zu vernichten. Die Selbstvernichtung nehmen sie dabei billigend in Kauf.

Ohne außenstehende Hilfe oder besser zeitliche Trennung der Konfliktparteien ist eine Lösung nicht möglich. Die Situation ist emotional zu sehr aufgeladen und jeder Klärungsversuch würde zu einer weiteren Eskalation führen.

Diese Eskalation kannst du vermeiden, wenn du das willst. Du musst nur rechtzeitig aussteigen.

GUTER KONFLIKT VS. SCHLECHTER KONFLIKT - STRATEGIEN FÜR DEN UMGANG MIT KONFLIKTEN

Konflikte sind ein fester Bestandteil unseres Lebens. Sie sollten allerdings nicht grundsätzlich als negativ angesehen werden. Im Gegenteil: Durch Konflikte haben Menschen erst die Möglichkeit, verschiedene Interessenlagen zu erkennen, rechtzeitig auf Probleme zu reagieren und konstruktive Lösungen zu finden. Im besten Fall führt ein Konflikt dazu, dass durch die Klärung für beide Seiten eine positive Lösung erfolgt (Win-Win).

Problematisch wird es, wenn ein Konflikt nicht offen, sondern verdeckt ausgetragen wird. Wenn der Kollege nicht offen sagt, was ihn stört. Stattdessen kommen immer wieder Sticheleien oder negative Kommentare bis hin zu dem Ergebnis, welches oben beschrieben wurde. Hier hilft nur die Flucht nach vorn, wie man so schön sagt.

Unter diesem Blickwinkel stelle ich dir ein paar Strategien vor. Entscheide selbst, was für dich funktioniert. Je nach Situation, Tagesform und Mut kann es sein, dass du den Konflikt suchst oder meidest. Was immer du entscheidest, es ist in Ordnung:

1. Opfer sein

Unter den Umständen leiden, sich müde, erschöpft und ausgelaugt fühlen.

Hilft dir das? Nein. Du müsstest jedoch aktiv werden. Und dich aus der Situation lösen, um nicht mehr zu leiden. Das kostet Kraft und Mut, und manchmal fehlt beides einfach. Dann kann der Opferstatus das geringere Übel sein.

Wenn du ständig unter deinen Arbeitsbedingungen leidest, suche dir eine Alternative. Wenn du wie die meisten finanziell auf deine Arbeit angewiesen bist, zwingt dich niemand und es gibt auch keinen Grund, fristlos zu kündigen. Nimm dir die Zeit und suche dir in Ruhe etwas Neues, sprich mit Freunden und wäge das Für und Wider ab. Schon allein dieser Schritt reduziert das Leiden, denn es wird endlich.

2. Konflikt schüren

Sich über andere empören, Schuld verteilen und sich streiten.

Hilft dir das? Vielleicht kurzfristig, denn du kannst Dampf ablassen und kannst dich gemeinsam mit anderen im Recht haben suhlen. Langfristig ist das jedoch keine Option, denn es kostet viel unnötige Energie und bringt dich in der Sache nicht weiter.

Ganz oft beschweren wir uns an der falschen Stelle. Wenn eine Kollegin regelmäßig zu spät kommt und damit wichtige Abläufe nicht starten können, nützt es dir nichts, dich bei deinen anderen

Kollegen darüber zu beschweren. Sprich die Kollegin direkt an und wenn das nicht hilft, kündige an, dass du das Problem eine Ebene höher schildern wirst.

3. Trost in der Ablenkung suchen

Das kannst du tun, um dich besser zu fühlen.

Hilft dir das? Möglich. Du kannst dich mit einer angenehmen Tätigkeit wieder auftanken – oder durch den Wald rennen, bis du aus der Puste bist. Manchmal reicht das jedoch nicht. Konflikte lassen sich damit kurzfristig entzerren. Doch irgendwann wirst du dich dem stellen müssen oder es bricht an einer Stelle durch, wo du es gar nicht haben willst.

Wenn dich eine Nachbarin regelmäßig bei anderen Nachbarn wegen Nichtigkeiten anschwärzt, kannst du das nicht „wegjoggen". Manchmal hilft es, die Quelle direkt anzusprechen und das persönlich zu klären.

„Frau X, mir wurde erzählt, dass Sie der Meinung sind, ich fege den Gehweg nicht oft genug. Was genau stört Sie daran?" Das braucht zwar manchmal etwas Mut, doch die Energie fließt dahin, wo sie hin soll – zu der Person, die die schlechte Energie verursacht hat. Menschen, die andere anschwärzen, fühlen sich nur so lange wohl, so lange sie nicht direkt mit ihren Behauptungen oder Lügen konfrontiert werden.

Vielleicht wird sie sich beim nächsten Mal überlegen, ob sie dich als Opfer ihrer Intrigen wählt – sie muss ja damit rechnen, dass du wieder vor der Tür stehst.

4. Transformieren

Der Konflikt inspiriert dich zum Beispiel anderen zu helfen.

Hilft dir das? Mag sein, dass du dich besser fühlst. Doch wie bei der Ablenkung gibt es Konflikte, die sich nicht beschönigen lassen.

Du kannst deinen Freunden bei der Gartenarbeit helfen, dich für soziale Zwecke einsetzen und damit Anerkennung bekommen. Trotzdem wirst du damit eine Quelle der Negativität nur kurzfristig stoppen können.

In der Positiven Psychologie wurde erforscht, dass für den Erhalt einer dauerhaften Gesundheit das Verhältnis von positiven zu negativen Momenten im Alltag 3:1 sein sollte. Das bedeutet, um eine negative Erfahrung auszugleichen, brauchst du drei positive Erfahrungen. Normalerweise funktioniert das auch, denn nicht alle positiven Erlebnisse speichern wir bewusst.

Wenn du es genau wissen möchtest, schreibe doch mal einen Tag lang alle positiven Ereignisse auf. Zum Beispiel der warme Milchkaffee am Morgen, das freundliche Grüßen des Nachbarn beim Verlassen der Wohnung, das Schwätzchen in der Frühstückspause mit deiner Kollegin und was dir sonst noch an schönen Erlebnissen an diesem Tag begegnet ist.

Vielleicht stellst du dann fest, dass deine Bilanz stimmt.

5. Sachlich an den Konflikt herangehen

Du kannst einen neutralen Blick auf das Geschehene werfen, vielleicht mit Unterstützung von Freunden.

Hilft dir das? Ja, mit einer logischen Betrachtungsweise kannst du dir sinnvolle Schritte überlegen, um das Problem aus der Welt zu schaffen.

Tritt einen Schritt zurück, schaffe Abstand zu der Situation oder Person. Entferne dich emotional. Wenn das nicht so einfach möglich ist, bitte um eine kurze Pause.

Nutze die Zeit und mache dir klar, was wirklich los ist:

- Hat dich jemand verletzt?
- Steht etwas Ungesagtes im Raum?
- Sind die Vorgaben unerfüllbar?

Finde heraus, was dich in diesen Konflikt gebracht hat – und es ist nicht nur die andere Person. Manchmal kann es auch sinnvoll sein, sich räumlich aus der Situation zu entfernen, um einen klaren Kopf zu bekommen. Mache einen kurzen Spaziergang, höre deine Lieblingsmusik oder streichele dein Haustier. Oft gelingt es noch besser, wenn du mit einer Person deines Vertrauens deine Gedanken und Ideen austauscht.

Frage dich:

- „Was ist passiert?"
- „Was macht mich so wütend / hilflos / verletzt?"
- „Wovor habe ich Angst, was kann schlimmstenfalls passieren?"

Das wird dich dem inneren Konflikt sehr viel näher bringen und damit wahrscheinlich auch einer möglichen Lösung.

6. Den Konflikt philosophisch betrachten

Lebensweisheiten können helfen, Erlebnisse einzuordnen und ihnen das Drama zu nehmen.

Hilft dir das? Schon möglich, dass es dir hilft, wenn du dir klarmachst, dass das Leben nicht immer nur Ponyhof ist. Du kannst Konflikte als normalen Teil des Lebens betrachten. Es wird vergehen und manche Konflikte lösen sich tatsächlich auf, wenn du eine Nacht darüber geschlafen hast. Dann hast du vielleicht eine objektivere Sichtweise auf die Situation.

7. *Zeit sinnvoll nutzen*

Nicht immer lohnt es sich, Energie für einen Konflikt zu investieren.

Hilft dir das? Auf jeden Fall! Mit manchen Menschen lohnt es sich nicht zu streiten.

Es geht ihnen wahrscheinlich nicht um eine Lösung, sondern um den Streit um des Streites willen. In der Psychologie nennt man das Prinzip: „Lieber negative Zuwendung als gar keine."

Setze dich dieser negativen Energie nicht länger aus. Menschen, die so sehr in ihrer Negativität verhaftet sind, rauben dir deine Energie. Schütze dich vor diesen Menschen, auch wenn dich dein Verantwortungsgefühl vielleicht daran hindern will. Niemandem nützt es, wenn ihr beide nach so einem Treffen schlechter gelaunt seid und weniger Energie zur Verfügung habt als vorher.

Und du wirst nie recht bekommen, weil das nicht das Ziel deines Gegenübers ist. Beende das Gespräch oder den Streit. Diese Zeit kannst du dir sparen und dich mit angenehmeren Dingen beschäftigen.

Sich für andere Menschen einzusetzen, ist wichtig und gut. Trotzdem gibt es eine Grenze. Du kannst anderen nur helfen, wenn du selbst ausgeruht und gesund bist. Daher nimm dir immer genügend deine Zeit für deine Regeneration und für deine persönlichen Belange.

8. *Sei kein Retter*

Manchmal braucht es keine Lösung.

Hilft dir das? Ja, ganz sicher. Oft geht es einfach nur darum, dem anderen zuzuhören. Wenn dein Gegenüber nur möchte, dass du zuhörst, du aber für alles eine Lösung präsentierst, hast du ein Ego-Problem.

Und es gibt Menschen, die suchen nur einen Retter, weil sie gern das Opfer sind oder keine Verantwortung übernehmen wollen. Dann ist es besser, die Aufgabe als Retter zu verweigern. Stattdessen kannst du wie schon früher beschrieben, lösungsorientiert fragen: „Was würde dir jetzt helfen?"

Wenn dein Freund am Ertrinken ist, hilf ihm, wenn du schwimmen kannst und fit genug bist, ihn zu retten. Falls das nicht der Fall ist, zieht er dich mit runter und ihr ertrinkt womöglich beide. Dann ist es besser, andere den Job machen zu lassen.

Manchmal schmeichelt es dir vielleicht, dass jemand deine Hilfe braucht und du gibst sie gern. Menschen, die Zuwendung brauchen, haben jedoch ein sehr feines Gespür dafür, wer für ihre Bedürfnisse nützlich sein kann – jenseits einer Lösung.

Wenn du feststellst, dass es nicht um die Lösung geht und deine Versuche, den Fokus darauf zu lenken scheitern, beende es. Zur Beruhigung deines Gewissens kannst du gern eine Alternative anbieten, zum Beispiel eine Beratungsstelle oder eine Selbsthilfegruppe zum Thema.

9. Mitgefühl zeigen, wenn jemand sich beklagt

Empathie kann verbinden.

Hilft dir das? Auf jeden Fall! Allerdings nur dann, wenn du nicht mitleidest und durch Ich-Botschaften die eigene Meinung bekräftigst:

- „Ich verstehe, dass dich das ärgert."
- „Wenn ich in deiner Situation wäre, würde ich ..."

Trotz aller Empathie bist du jedoch nicht verantwortlich für das Leben deines Gegenübers. Manchmal wünschen sich Menschen nichts mehr, als sich gemeinsam mit dir in ihren Problemen zu wälzen. Selbst auf die Gefahr hin, dass das unhöflich wirken könnte, entscheide dich, wo deine Grenze ist und ziehe diese dann auch aktiv. Anteilnahme muss nicht so weit gehen, dass du dich in ein Drama mit hineinziehen lassen musst.

Sicher hast du schon das eine oder andere ausprobiert. Je nach Erfahrung, Erziehung und Temperament entwickeln wir Strategien, wie wir mit konflikthaften Situationen umgehen.

Manchmal entscheidest du aber vielleicht: „Nein, ich sehe gar nicht ein, dass ich nachgeben soll." Und das kleine Streitteufelchen gewinnt. Du möchtest einfach nur mal streiten und ein reinigendes Gewitter provozieren.

Wenn du deine Grenzen kennst, ist das sicher eine Möglichkeit. Ok, dann mache das. Die Gefahr besteht allerdings, dass du dich nicht mehr stoppen kannst und dann am Ende etwas gesagt oder getan hast, was du so nicht geplant hattest.

WIRKSAME VERHALTENSWEISEN GEGENÜBER SEHR ANSTRENGENDEN MENSCHEN

Nachdem du nun einige Strategien kennengelernt hast, wie du nachhaltig und wirksam mit negativer Energie umgehen kannst, möchte ich dir noch ein paar Verhaltensweisen vorstellen, die du gegenüber sehr hartnäckig negativen und anstrengenden Menschen anwenden kannst, insbesondere dann, wenn du mit diesen langfristig arbeiten oder leben musst.

Wenn du zum Beispiel als Teamleiter eine Mitarbeiterin oder einen Mitarbeiter hast, mit der du ständig in Konflikt gerätst, dann solltest du die Gespräche sorgsam planen.

Wenn dir darüber hinaus daran gelegen ist, dass du die Konflikte minimierst, dann:

- Sorge für eine ruhige, entspannte Gesprächsatmosphäre.
- Bereite das Gespräch gut vor, formuliere sachlich und logisch, so dass dein Gegenüber versteht, worum es dir geht.
- Vermeide möglichst Konfrontationen und direkte Angriffe.
- Äußere Kritik möglichst wertschätzend. Dein Gesprächspartner hört dann eher zu, und ihr könnt an einer gemeinsamen Lösung arbeiten.
- Vermeide es so weit wie möglich, dein Können oder deine Leistungen besonders hervorzuheben.
- Nutze weniger das Wort „Ich", sondern stelle deinem Gegenüber konkrete Fragen. Das signalisiert Interesse und er fühlt sich gesehen.
- Äußere Kritik sachlich und achte darauf, dass dein Gegenüber sich ernst genommen fühlt.
- Zeige deinem Gegenüber auf, dass eine Veränderung zum Positiven durch bewusstes Denken und Handeln möglich ist.
- Und bei aller Kooperation und Höflichkeit: Vertrete dein Anliegen konsequent und mache ruhig und bestimmt die Dringlichkeit deutlich.

Für private Konfliktgespräche lässt sich das natürlich ebenso anwenden.

DIE 2 GOLDENEN GRUNDREGELN FÜR DICH

Nachstehend noch zwei wichtige Regeln, die eher dich betreffen und weniger die Menschen, die deine Energie rauben:

1. Verändere nicht dein Umfeld – passe es dir an

Einen negativen Menschen zu einem positiven Menschen zu machen, ist ein sinnloses Unterfangen. Diese Energie solltest du nicht für das Leben eines anderen Menschen, sondern für dein eigenes Leben investieren. Gib negativen Menschen ein Feedback, doch erwarte nicht, dass eine Verhaltensänderung eintritt.

Wenn alle anderen um dich herum negativ sind, lass dich nicht aus der Ruhe bringen und sei weiter positiv. Wenn du davon überzeugt bist, dass etwas für dich und dein Leben funktioniert, dann ist die Meinung anderer erst einmal unwichtig. Auch wenn es manchmal schwerfällt, doch das fördert deine Charakterstärke und deine Gesundheit!

Dein Ziel ist nicht, andere zu überzeugen oder zu beweisen, dass dein Weg der richtige ist. Dein Weg ist jetzt der richtige für dich. Ein anderer Mensch mag einen anderen Weg bevorzugen. Doch das ist seine Entscheidung.

Gib nicht auf, verlasse dich auf deine Stärken. Im Leben geht es nicht in erster Linie darum, andere zu beeinflussen oder zu verändern. Es geht darum, die Chancen für das eigene Leben zu ergreifen. Und plötzlich bist du das Vorbild für alle, die vielleicht – noch – nicht den Mut haben, ihren eigenen Weg zu gehen.

Und vielleicht wird irgendwann jemand zu dir sagen: „Du warst sehr mutig, das hat mich inspiriert, es auch zu versuchen." Dann sei stolz auf dich, auch wenn du diese Bestätigung dann sicher nicht mehr brauchst.

2. *Schneide, um zu wachsen*

Auch wenn es schwerfällt, doch manche Menschen in unserem Umfeld kosten uns so viel Energie, dass wir den Kontakt einschränken müssen, wenn wir wachsen wollen.

Ich vergleiche das gern mit einem Baum im Garten. Wenn du ihn ungehindert wachsen lässt, entwickelt er viele unnötige Triebe. Dadurch geht viel Energie verloren und er kann nicht mehr so viele Früchte reifen lassen, wie unter anderen Umständen möglich wäre.

Wir Menschen sind ähnlich wie Bäume. Wir haben viele Kontakte und viele Ideen.

Um im Leben erfolgreich zu sein, musst du dich aber ab und zu von ein paar Ideen oder Kontakten trennen, die du nicht mit der nötigen Begeisterung verfolgst. Das gibt dir die Kraft, die anderen Bereiche mit der notwendigen Energie zum Erfolg zu bringen.

Ebenso ist es sinnvoll, dich von Menschen zu trennen, die deiner Seele schaden, sich deinem persönlichen Wachstum aktiv entgegenstellen oder dich sogar mit in den Abgrund ziehen wollen. Nur ohne diese Menschen kannst du ein zufriedenes Leben führen.

Viele Menschen trauen sich das nicht und lassen weiterhin zu, dass die eigene Energie in das Leben eines anderen fließt. Manchmal musst du, wie bei einem Baum, einen verdorrten oder faulen Trieb entfernen, um für den ganzen Baum das Weiterwachsen sicherzustellen.

Natürlich bedeutet das nicht, dass du jetzt allen Menschen kurzerhand die Freundschaft kündigst, die dir mal irgendwann auf die Nerven gegangen sind. Gehe gedanklich oder bei den nächsten Treffen mit einer Frage durch deinen Freundeskreis.

Finde heraus, wer dir grundsätzlich guttut und wer dich meistens erschöpft oder negativ beeinflusst.

Wenn dir Menschen guttun, verbringe mehr Zeit mit ihnen. Doch wenn jemand dich immer wieder negativ beeinflusst, frage dich, ob die Beziehung zu diesem Menschen den Preis wirklich wert ist. Du wirst wahrscheinlich feststellen, dass dem nicht so ist. Wenn dir ein Mensch wichtig ist, gib ihm eine Chance, etwas zum Positiven zu verändern. Sollte das nicht gelingen, ziehe deine Konsequenzen.

Vermutlich sagst du jetzt: „Wenn das so einfach wäre, hätte ich es schon gemacht."

Aber wie wäre es, wenn es doch einfach ist? Du kannst gerne warten, bis diese Miesmacher und Nörgler noch mehr deiner Energie rauben. Oder du entscheidest dich für deine Energie und deine Lebenszeit und gegen die Verschwendung an Menschen, die deine Zeit nicht wertschätzen. Das lässt sich auch auf nahe Verwandte und Lebenspartner gleichermaßen anwenden.

Sei dir jedoch bewusst, diese Entscheidungen gibt es nicht zum Nulltarif. Alles hat seinen Preis. Nach reiflicher Abwägung bist du wahrscheinlich bereit, diesen Preis zu zahlen und damit neue Lebensfreude zu gewinnen. Manchmal musst du einfach egoistisch sein, auch wenn es schwerfällt.

Vergiss nicht, es ist DEIN Leben!

ÜBUNG

Stell dir eine Situation vor, die dich wirklich nervt oder einen Menschen, der dich regelmäßig auf die Probe stellt.

Überlege dir, was du in der Situation am liebsten tun möchtest, was du diesem Menschen wirklich sagen möchtest. Wenn du es nicht so genau formulieren kannst, beschreibe es. Schreibe alles auf, was dir dazu durch den Kopf geht.

Nun schließe alles aus, was dich vermutlich ins Gefängnis bringen könnte und formuliere es positiv um. Dann behalte es als mögliche Lösung für das nächste Zusammentreffen mit der Person im Kopf und wenn möglich, nutze es.

Beispiel:

In einem monatlich stattfindenden Treffen eurer Arbeitsgruppe ist eine Mitstreiterin, die grundsätzlich etwas an dir kritisiert. Mal ist es die Kleidung, ein anderes Mal siehst du wirklich krank aus und so weiter. Dich nervt das ziemlich, weil es einfach unnötig ist. Und es entspricht meist nicht der Wahrheit.

Wenn sie das nächste Mal etwas äußert wie: „Die Farbe deines Pullis macht dich blass." Dann antworte in deinen Worten so oder ähnlich: „Ja, das war so geplant. Ich wollte meinen mentalen Zustand unterstreichen. Schön, dass dir das aufgefallen ist."

Ich bin überzeugt, sie hat nicht mehr so viel Spaß daran, dich anzugreifen. Und du hast sicher viel Freude, wenn du siehst, wie überrascht sie reagiert.

WOLLEN ODER WÜNSCHEN, DU HAST DIE WAHL

„Wenn du eine Entscheidung treffen sollst, und triffst keine, so ist das selbst eine Entscheidung."

— WILLIAM JAMES

*K*en Keyes jr., ein amerikanischer Philosoph, hat mal gesagt: „Deine Kontrolle über die Grundvoraussetzungen deines Lebens ist meistens minimal. Aber die Fähigkeit und dein Geschick, deine eigene Lebenserfahrung kreativ zu gestalten, sind unbegrenzt. Darin liegt das Geheimnis des Glücks."

ALLES IST MÖGLICH, WENN DU DICH NICHT BEIRREN LÄSST

Was will er damit sagen? Du hast alle Möglichkeiten der Welt, wenn du bereit bist, kreativ zu sein. Es braucht vielleicht etwas Zeit und Energie, vielleicht auch Unterstützer und manchmal gelingt es nicht auf Anhieb. Doch das könnte ein Test sein, ob du wirklich alles geben willst, um dein Ziel zu erreichen.

Wenn du eine großartige Idee hast, wird es um dich herum Menschen geben, die dir das ausreden oder schlecht reden wollen. Warum glaubst du, machen sie das? Ganz einfach, sie hätten auch gern eine großartige Idee oder ein tolles Projekt. Haben sie aber nicht. Sie gönnen sie dir Anerkennung und Aufmerksamkeit nicht. Und manchmal sind Menschen einfach nur neidisch darauf, dass du dich gut fühlst. Betrachte diese Menschen als ein Kompliment, denn offenbar hast du etwas richtig gemacht.

Meine persönliche Erfahrung und die Erkenntnis im Austausch mit vielen am persönlichen Wachstum interessierten Menschen ist, dass jeder Mensch im Grunde ganz genau weiß, was er braucht und will. Was gut und richtig für ihn ist.

Manchmal fehlt uns einfach nur der Mut, die notwendigen Schritte zu gehen. Oder wir haben Angst zu versagen. Ein Bekannter hat mal gesagt: „Wenn ich wüsste, dass es klappt, würde ich es machen." Doch leider gibt uns das Leben keine Garantie. Wie hat es mein früherer Trainer formuliert: „Wenn du eine Garantie willst, kauf' dir einen Toaster."

Vielleicht kommt es dir ja auch ganz gelegen, wenn andere dich mit vermeintlich guten Gründen von der Erfüllung deines Glücks abhalten? Dann musst du dich nicht der möglichen Enttäuschung stellen.

Ein weiterer, viel häufigerer Grund aus meiner Erfahrung: Ich muss mich nicht mit meiner eigenen Großartigkeit auseinandersetzen und damit vielleicht meinen Glaubenssatz „Ich bin es nicht wert" aufgeben. Das hätte nämlich zur Folge, dass ich viele Jahre mit einer falschen Annahme durch mein Leben gegangen bin. Und das ist wirklich frustrierend.

Doch es ist dein Leben und deine Zufriedenheit. Nimm die Kritik aus deinem Umfeld ernst und überdenke sie. Doch du entscheidest, ob dich das aufhält oder ob du weitermachst.

Bei alledem entscheidest du auch, wie du mit den Unwägbarkeiten und Ereignissen deines Lebens umgehst. Das Leben erlegt uns viele Prüfungen auf. Wir bekommen Krankheiten, verlieren unseren Lieblingsmenschen durch Trennung oder Tod, versagen im Job, erleiden finanzielle oder persönliche Verluste und vieles mehr.

Ob dies jedoch dazu führt, dass du unglücklich weiter durchs Leben gehst, liegt in deiner Verantwortung. Du hast die Wahl, ob du dich dem Schicksal unterwerfen oder ob du aktiv deinen Beitrag leisten willst.

SUCHTBASIERTE UND PRÄFERENZBASIERTE HALTUNG

Keyes hat das als suchtbasierte oder präferenzbasierte Haltung definiert.

Die **suchtbasierte Haltung** beschreibt er wie folgt:

„Eine Sucht ist ein emotional begründetes Verlangen oder Bedürfnis nach etwas, dass du meinst haben zu müssen, um glücklich zu sein."

Sucht oder suchtartiges Verlangen kann auf dich selbst, auf andere Menschen, Dinge oder Situationen ausgerichtet sein.

Zum Beispiel:

„Wenn ich nur schön / intelligent / beliebt ... genug wäre, wäre mein Leben perfekt."

Oder:

„Wenn du mich wirklich lieben würdest, dann hätten wir nicht so viele Probleme."

Damit haben Menschen, die nach diesem Prinzip leben, immer gute Gründe, warum Dinge, Situationen und Menschen nicht so sind, wie sie sein können und darüber hinaus eine gute Entschuldigung für ihre schlechte Laune, ihre Unzufriedenheit oder ihre Wut.

Dem gegenüber beschreibt Keyes die **präferenzbasierte Haltung**:

„Eine Vorliebe oder Präferenz ist ein Wunsch, der dich nicht bestürzt oder unglücklich macht, wenn er nicht erfüllt wird."

WO DIE GEFAHR LAUERT

Zum Glück sind wir überwiegend Vorlieben orientiert, sonst hätten wir längst einen Nervenzusammenbruch. Während die Sucht nach etwas für Körper und Psyche anstrengend ist, öffnen dir Präferenzen oder Vorlieben dein Leben. Du musst dir den Wunsch nicht erfüllen, auch wenn es schön wäre.

Viele Menschen haben beispielsweise den Traum von einem kleinen Häuschen – oder auch einem größeren Haus. Diesen Traum würden sie sich gern erfüllen.

Wenn du jetzt suchtorientiert diesen Traum nachjagst, dann wirst du neidisch auf die Menschen sein, die ein Haus haben. Sie haben das Glück, du selbst nicht. Das ist nicht fair. Vielleicht bist du auch unzufrieden mit dir selbst und wirfst dir Versagen oder Unfähigkeit vor. Damit gehst du der Welt und anderen auf die Nerven.

Sicher kennst du einige solcher Menschen. Sie schaden natürlich in erster Linie sich selbst, doch mit ihrer negativen Haltung sind sie meist echte Spaßbremsen auf jeder Party.

Betrachtest du diesen Traum aber präferenzorientiert, dann suchst du nach Ideen und Chancen, diesen Traum zu verwirklichen. Wenn du Menschen triffst, die ein Haus gekauft haben, fragst du sie um Rat oder lässt dir Tipps geben. Auch betrachtest du deine Lebenssituation realistisch, weil sie aus finanziellen oder beruflichen Gründen vielleicht noch keinen Hauskauf zulässt und akzeptierst das.

Damit gehst du sicher sehr viel entspannter und zufriedener durch dein Leben. Außerdem geben unerfüllte Wünsche mit dieser Haltung dem Leben erst die richtige Würze. Du kannst dich auf etwas freuen und lebst nicht mit dem Mangel wie bei der suchtbasierten Haltung.

Wenn du in deinem engen Umfeld Menschen mit suchtbasierter Haltung hast, besteht für dich die Gefahr, dass es auf dich abfärbt.

Jim Rohn, Unternehmer und Autor hat geschrieben, dass es wichtig ist, wen wir um uns haben. Die wichtigsten fünf Menschen, mit denen wir uns umgeben, prägen uns. Sie sind der Einfluss, der uns wachsen lässt oder auch nicht.

Ich selbst bin mehrmals umgezogen und hatte daher immer wieder die Möglichkeit, meinen Freundeskreis neu zu definieren. Wenn du seit Jahren oder gar Jahrzehnten im selben Ort oder in den gleichen sozialen Kreisen geblieben bist, ist das schwieriger. Das hat Einfluss auf dein Leben und es prägt deine

Haltung zu Veränderungen, zu Menschen und zum Leben allgemein.

Zu erkennen, dass du das Produkt der fünf Menschen bist, mit denen du die meiste Zeit verbringst, kann ernüchternd sein. Es ist aber wichtig, sich das klarzumachen und vor allem festzustellen, dass der Einfluss tatsächlich vorhanden ist. Und wenn dir das nicht guttut, dann ändere es und umgib dich mit Menschen, die dich unterstützen und die gemeinsam mit dir wachsen wollen.

VERÄNDERUNG (UN)GEWÜNSCHT?

Menschen mit suchtbasierten Verhalten klammern sich an Bestehendes und wollen möglichst alles so belassen, wie es ist. Veränderung macht Ihnen Angst. Sie ignorieren die Tatsachen des Lebens selbst dann noch, wenn sie offensichtlich sind.

Zum Beispiel erkennst du, dass deine beste Freundin in einer Partnerschaft lebt, die ihr nicht guttut. Sie beschwert sich auch regelmäßig darüber, verändert aber nichts. Und von Trennung kann gar nicht die Rede sein. Wann immer du diesen Vorschlag machst, widerspricht sie dir vehement. Stattdessen müsste sich der Freund nur ändern, damit sie glücklich ist. Findest du das auch absurd?

Meinen Freund Uwe hatte ich ja schon erwähnt. Wenn ich die Freundschaft erhalten will, werde ich das Thema Arbeitslosigkeit zukünftig nicht mehr ansprechen. Ich kann es nicht lösen, das kann nur er. Ansonsten ist er ein liebenswerter Mensch und guter Freund.

Wenn du als guter Freund oder gute Freundin diesem Menschen doch helfen möchtest, reagiert dieser Mensch vielleicht sogar mit massivem Widerstand, geäußert durch Wut, Verärgerung oder andere Abwehrhaltungen. Ohne professionelle Hilfe wird es hier keine Lösung geben.

Wenn du großes Pech hast, zieht dieser Mensch dich sogar mit in seinen Abgrund. Und dass willst du sicher nicht. Deshalb trenne die Verbindung, notfalls zunächst erst mal befristet oder akzeptiere, was ist, ohne eine Lösung zu wollen.

Wir alle haben schon Situationen erlebt, die mit großen Veränderungen verbunden waren. Schulbeginn, Studium in einer anderen Stadt, Austauschjahr, Jobwechsel, Scheidung, Tod der Eltern oder eines geliebten Menschen.

All diese Veränderungen fordern von uns Anpassung, wobei es einen Unterschied macht, ob wir die Veränderung freiwillig herbeigeführt haben wie den Beginn eines Studiums oder ob es sich um einen Schicksalsschlag handelt.

Eine freiwillige Veränderung werden wir mit sehr viel mehr Motivation angehen, auch wenn gelegentliche Selbstzweifel, Angst vor Kontrollverlust auch auftauchen. Dies betrachten wir dann meist als den Preis für unsere Entscheidung.

Anders sieht es jedoch aus, wenn die Veränderung unfreiwillig stattfindet. Aktuelles Beispiel ist die Corona-Pandemie. Auch wenn es sich um eine kollektive, weltweite Erfahrung handelt, bedeutet es für viele Menschen den totalen Kontrollverlust.

Besonders betroffen sind Menschen, die sich bisher gut auf sich selbst verlassen konnten. Nun stellen sie fest, dass sie nichts, absolut gar nichts tun können, um ihre Situation zu beeinflussen. Erschwerend kommt jetzt nach fast zwei Jahren noch hinzu, dass es nicht zu enden scheint.

VERÄNDERUNG LEICHT GEMACHT

Hierfür scheint das Konzept der Salutogenese von Aaron Antonovsky eine Erklärung und einen Ausweg anzubieten. Aaron Antonovsky hat 1970 im Rahmen einer Studie an ehemaligen

KZ-Häftlingen festgestellt, dass etwa ein Drittel der ehemaligen Häftlinge diese Zeit sowohl seelisch als auch körperlich besser überstanden hatten als der Rest der Gruppe. Er hat dann erforscht, was die Ursache dafür sein könnte.

Er fand heraus, dass ein starkes Gefühl von Stimmigkeit beziehungsweise Kohärenz einen Menschen dazu befähigt, sich an die Umstände anzupassen und seine Ressourcen optimal auszuschöpfen. Antonovsky definiert Kohärenz über das Zusammenwirken der drei folgenden Komponenten:

1. Verstehbarkeit

Ich kann meine Umwelt und die darin auftauchenden Ereignisse grundsätzlich einordnen. Ich gehe davon aus, dass ich auch mit zukünftigen unerwarteten Ereignissen zurechtkommen werde. Ich bin überzeugt, dass das Problem oder die Aufgabe grundsätzlich lösbar ist und ich eine Lösung finden werde.

Die Haltung dahinter ist: „Es geht!"

2. Handhabbarkeit

Ich gehe davon aus, dass ich und mein soziales Umfeld in der Lage sind, kommende Ereignisse zu bewältigen. Ich traue mir zu, das Problem oder die Aufgabe zu lösen, weil mein Umfeld und ich die notwendigen Fähigkeiten dafür haben. Ohne das Vertrauen und den Glauben, dass ich selbst maßgeblich an der Veränderung teilhaben kann, wird eine erfolgreiche Umsetzung schwer.

Die Haltung dahinter ist: „Ich kann es!"

3. Sinnhaftigkeit

Dies ist die wichtigste Komponente. Sie motiviert Menschen, einen Sinnbezug einem größeren Ziel zu widmen und in bestimmte Lebensbereiche zu investieren. Deshalb ist es wichtig, dass mein Verhalten in Einklang ist mit den eigenen Zielen und dem großen Kontext. Wenn ich mich und meine Ziele in der Lösung des Problems oder der Aufgabe nicht wiederfinde, werde ich eher halbherzig aktiv sein.

Die Haltung dahinter ist: „Es macht Sinn für mich!"

Gerade in Krisenzeiten oder bei herausfordernden Ereignissen ist es wichtig, alle drei Komponenten verfügbar zu haben. Das bedeutet im Einzelnen:

1. Sind die Bedingungen und die Maßnahmen zu dem Ereignis erklärbar, verstehbar und vorhersehbar?

In Zeiten der Veränderung ist die Verstehbarkeit der Umstände existenziell. Wir brauchen Orientierung und klare Vorgaben, um nachvollziehen zu können, was passiert, um uns ein Mindestmaß an Kontrolle zu erhalten.

2. Sind Ressourcen vorhanden, haben wir Gestaltungsmöglich-keiten, um das Ereignis zu bewältigen?

Um ein Gefühl der Selbstwirksamkeit zu erhalten, benötigen wir in Krisen Gestaltungs-spielraum und Kompetenzen, die uns dazu verhelfen, Einfluss nehmen zu können.

3. Macht es Sinn, Kraft und Einsatz zu investieren?

Dies ist die stärkste Komponente, um auch widrige Umstände besser ertragen. Damit können wir uns mit unseren Gefühlen im Positiven wie im Negativen verbinden, ohne uns ihnen unterordnen zu müssen oder sie uns zerstören.

Kommen wir nun zurück auf die Corona-Pandemie. Während zu Beginn der Krise noch viele davon ausgingen, dass sie nach Beendigung wieder durchstarten werden, hat sich die Situation für einige deutlich verändert. Künstler, Restaurantbesitzer, Fahrschulen, Einzelhändler – nicht zu vergessen alle Eltern – halten bereits seit fast zwei Jahren durch, ohne ein Ende absehen zu können.

Während zu Beginn der Pandemie die drei Komponenten durchaus vorhanden waren, haben einige Menschen mittlerweile bereits aufgegeben, die Krise zu verstehen, daran zu glauben, dass sie bewältigbar ist und investieren würden sie sowieso nichts mehr.

Auch wenn das nicht alle Menschen gleichermaßen betrifft, tut sich die Mehrheit schwer damit, konstruktiv mit der Krise umzugehen. Wir haben keine Erfahrung damit, deshalb müssen wir erst neue Strategien entwickeln.

Für viele Menschen sind die Herausforderungen zu hoch. Es folgen Anzeichen von Stress, Angst und Überlastung, wie es aus dem Burn-out bekannt ist. Für manche Menschen besteht ein Ausweg aus dieser Überforderung nur noch über Wut und Aggression und der Suche nach Schuldigen. Mediziner, Ärzte und Psychologen haben als Folge der Pandemie eine Zunahme stressbedingter Krankheiten festgestellt.

Hierbei hat sich allerdings herausgestellt, dass in der Allgemeinbevölkerung ein erhöhtes Alter, ein höheres Einkommen und ein besseres Bildungsniveau geholfen haben könnten, eine größere

Widerstandskraft hervorzubringen. Dies begründet sich wohl in dem besseren Zugang zu Informationen und damit der Möglichkeit, Unsicherheiten besser vorbeugen zu können. Und vielleicht in der Routine bei der Entwicklung von Lösungsstrategien, gerade bei älteren Menschen.

Auch in der Bewältigung von Alltagsfragen und besonders im Umgang mit Krisen sowie herausfordernden privaten und beruflichen Beziehungen spielen diese drei Komponenten eine wichtige Rolle.

Du stehst vielleicht vor einer wichtigen Entscheidung, dich von einem Freund zu trennen, der einen negativen Einfluss auf dich hat. Oder du befindest dich in einer beruflichen Situation, die negativ und belastend für dich ist. Dann kannst du dir Klarheit verschaffen, indem du dir folgende Fragen sinngemäß stellst:

1. Verstehbarkeit – es geht:

Wofür möchte ich den Job / die Beziehung aufrecht erhalten?

Was erwarte ich für die Zukunft davon?

Sehe ich eine realistische Möglichkeit, das zu erreichen, was ich mir wünsche?

2. Handhabbarkeit – ich kann es:

Bin ich in der Lage, den Herausforderungen einer Beibehaltung der Situation oder möglichen Veränderung gerecht zu werden?

Habe ich den Mut und die notwendigen Fähigkeiten, um das zu schaffen?

3. Sinnhaftigkeit – es macht Sinn für mich:

Ist es die Anstrengung wert?

Lohnt es sich für mich, an der Sache festzuhalten für ein höheres Ziel, zum Beispiel für die sichere Zukunft meiner Kinder?

Kannst du dir diese Fragen beantworten, wirst du bessere Entscheidungen treffen und die möglichen Konsequenzen dafür leichter in Kauf nehmen.

VERANTWORTUNG ÜBERNEHMEN

Doch ich möchte dir nicht verschweigen, dass die freie Wahl auch bedeutet, die bedingungslose Verantwortung für die eigene Entscheidung zu übernehmen.

Das scheint in der Theorie oft einfacher als es in der konkreten Situation ist. Wenn etwas schiefläuft, sind Menschen schnell dabei, einen guten Grund zu finden oder die Schuld bei anderen oder den Umständen, statt bei sich selbst zu suchen.

Mache das nicht! Du hast hoffentlich deine Entscheidung nach bestem Wissen und Gewissen getroffen, aufgrund der Informationen, die dir zu dem Zeitpunkt vorlagen.

Mag sein, dass neue Informationen dazu gekommen sind oder du die Konsequenzen nicht in ihrer ganzen Tragweite erkannt hast. Ein „hätte" hilft dir jetzt nicht, es sei denn, du hast eine Zeitmaschine. Da ich davon nicht ausgehe, schau nach vorne und passe gegebenenfalls deine Entscheidung an.

Vielleicht hast du dich von einem Menschen getrennt und stellst nach einiger Zeit fest, wie dumm die Entscheidung war. Was spricht dagegen, diesen Menschen zu fragen, wie er oder sie dazu steht.

Allerdings gibt es da ein Problem: Sehr oft fragen Menschen in einer Form, die nur eine Antwort zulässt, nämlich Ja. Doch eine Frage sollte normalerweise sowohl ein Ja als auch ein Nein zulassen. Wenn ich nur ein Ja als passende Antwort akzeptiere, ist es keine Frage, sondern eine Anordnung oder ein Auftrag!

Eltern werden das kennen: Wenn dein Kind fragt: „Mama, darf ich heute Abend mit ein paar Klassenkameradinnen ins Kino?" Dann ist das eigentlich keine Frage, denn wenn du Nein sagst, folgt eine lange Diskussion, warum nicht? Alle anderen dürfen das. Das ist unfair. Nur wenn du Ja sagst, ist alles gut.

Deshalb überlege dir genau, wenn du eine wichtige Frage stellst, ob du bereit bist, ein Ja und ein Nein als Antwort zu akzeptieren. Nur dann lässt du deinem Gegenüber wirklich eine Wahl. Und diese Option ist wichtig, wenn du etwas erreichen möchtest.

ÜBUNG

„Zwischen Reiz und Reaktion liegt ein Raum. In diesem Raum liegt unsere Macht zur Wahl unserer Reaktion. In unserer Reaktion liegen unsere Entwicklung und unsere Freiheit."

— VIKTOR EMIL FRANKL

Dieses Zitat wollen wir als Grundlage für diese Übung nutzen:

Wollen, was ist

Wähle eine aktuelle Situation, die dir gerade nicht gefällt und entscheide, dass du genau das willst.

Beispiel:

Meine Nase juckt. Ich entscheide, dass ich will, dass meine Nase juckt.

Was denkst du, was passiert? Du nimmst der Situation die Macht und zwar unvermittelt – oft mit dem Ergebnis, dass die Nase nicht mehr juckt oder wenigstens, dass es dich nicht mehr stört.

Stell dir nun vor, dein Chef verhält sich dir gegenüber respektlos und unfreundlich. Du magst das nicht und findest das unfair.

Doch heute entscheidest du: Ich will, dass er mich beschimpft. Probiere es aus.

Das Ergebnis wird dich wahrscheinlich erstaunen. Denn in dem Moment wird dir bewusst, dass das wahr ist. Du hast entschieden, es zuzulassen, um vielleicht einem Konflikt aus dem Weg zu gehen oder aus anderen Gründen.

Statt zu antworten „Herr X, möchten Sie, dass ich so mit Ihnen spreche, wie Sie gerade mit mir? Oder sind Sie an einer Lösung des Problems interessiert?", hast du dich bisher vielleicht lieber weggeduckt und dieses respektlose Verhalten über dich ergehen lassen. Heute hast du die Wahl, es anders zu machen. Freue dich schon jetzt auf das überraschte Gesicht deines Chefs.

Hieran lässt sich der Unterschied deutlich machen:

Suchtbasiert:

„Ich erwarte, dass mein Chef respektvoll mit mir umgeht. Warum macht er das nicht? Das ist unfair!"

Er macht das nicht. Ich fühle mich schlecht und als Opfer der Situation.

Dem gegenüber präferenzbasiert:

„Mein Chef sollte respektvoll mit mir umgehen."

Er macht das nicht. Also teile ich ihm mit, was ich von ihm erwarte, freundlich und bestimmt. Ich fühle mich der Situation gewachsen.

TRÄUME NICHT DEIN LEBEN – LEBE DEINEN TRAUM

„Ein Leben ohne Träume ist wie ein Garten ohne Blumen."

— UNBEKANNT

---

*G*erade Menschen, die große Träume haben, ziehen viele Zweifler, Nörgler und Miesmacher an. Denn zufrieden durchs Leben zu gehen und glücklich zu sein, mit dem was ist, ist an sich schon eine Provokation für jeden Miesmacher. Wenn du dann auch noch Träume hast und diese sogar noch verwirklichst, dann steigst du zum Feindbild auf. Nein, ganz so schlimm ist es zum Glück nicht. Doch einige Menschen ertragen es nicht, wenn ihr Umfeld glücklich ist. Sie selbst gestehen sich das nicht zu, dann soll auch kein anderer dieses Privileg haben. Lasse nicht zu, dass Menschen dich davon abbringen, deinen Traum zu verwirklichen. Denn dann entscheidest du dich ganz allein gegen dein persönliches Glück.

Stell dir vor, ihr sitzt gemütlich im Kreis von Freunden zusammen und irgendwer bringt das Thema auf: Wenn ich eine Million im Lotto gewinnen würde, dann...

ES WAREN EINMAL 3 UNTERSCHIEDLICHE TRÄUMER UND EIN REALIST...

Während einige sofort mit den unterschiedlichsten Ideen herausplatzen, werden andere eher skeptisch reagieren oder das Ganze als Unsinn abtun. Sehr schnell stellst du dann fest, dass es verschiedene Arten von Träumenden gibt:

Der pragmatische Träumer-Typ hat „realistische" Ziele. Diese Menschen sagen zum Beispiel: „Ich würde weiter arbeiten, mir aber eine Weltreise gönnen." Und vielleicht noch ein neues Auto, neue Möbel, den Rest würde er für später sicher anlegen.

Dabei handelt es sich um Menschen, die ein Projekt am liebsten nur starten würden, wenn sie bereits im Voraus wüssten, dass die Zeit günstig ist, dass es keine Krisen geben wird und dass erfahrene Partner mit im Boot sind. Sie brauchen ein gewisses Maß an Sicherheit und Routine und vermeiden es, unnötige Risiken einzugehen. Es reicht ihnen, ihr Leben etwas zu verbessern, um zufrieden zu sein. Intensiv leben ist ihnen nicht so wichtig.

Der zweite Träumer-Typ träumt von aufregenden Zielen, die ihn in jedem Fall herausfordern werden. Mit dem Fahrrad einmal um die Welt, den Pilotenschein machen, Auswandern oder etwas Vergleichbares.

Diese Menschen brauchen den Kick und genießen das Adrenalin im Körper, wenn weitgehend kontrollierbare Angst und kalkuliertes Risiko sie in einen Ausnahmezustand versetzen. Dieser Typ kann sich überschätzen und gerät dann vielleicht in Gefahr.

Der dritte Träumer-Typ liebt das Träumen mehr als das Tun. Diese Menschen verfolgen meist große Träume – aber ihre Träume sind nicht sehr ausgereift und in der Regel ist nicht geplant, diese Träume auch wirklich zu verfolgen. Träumen macht ihnen einfach Spaß um des Träumens willen. Das bedeutet, dass sie zwar große Träume haben, diese aber nicht umsetzen.

Und dann gibt es noch die „Realisten", die dir klarmachen, dass ein Lottogewinn mit einer Chance von 1:140 Millionen höchst unwahrscheinlich ist und damit Blödsinn. Sie können die schönsten Träume zum Platzen bringen.

Obwohl die Fähigkeit und Neigung zu träumen von Geburt an in uns angelegt ist, liegt es in unserer Hand, ob wir unsere Träume in die Realität umsetzen oder sie irgendwo weggesperrt verrotten lassen.

Warum schreibe ich über das Verwirklichen von Träumen, wenn es darum geht, Negatives aus meinem Umfeld zu verbannen? Das ist ganz einfach: Wenn du deine Träume verwirklichst, sind dir Nörgler, Zweifler, Miesmacher zunehmend egal.

Deine Antwort auf „Das klappt ja doch nicht" ist dann wahrscheinlich mit einem Lächeln: „Schon möglich, doch ich habe es wenigstens versucht." Das ist, wenn du so willst, die schärfste Waffe überhaupt.

Dabei fällt mir Anna ein, eine Freundin meiner Lebenspartnerin. Sie war oft bei uns und hat regelmäßig davon geschwärmt, dass sie eines Tages nach Peru auswandern und dort als Heilerin arbeiten würde. Es war jedoch in keiner Weise zu erkennen, dass sie einen einzigen Schritt in die Richtung machte. Eines Abends saßen wir zusammen und ich fragte sie, warum sie denn noch nicht in Peru sei, wenn es ihr so wichtig ist.

Ihre Argumente waren wie bei vielen: „Der Job lässt mir gerade keine Zeit, ich habe noch nicht genug Geld gespart." Ich erwiderte, dass sie Zeit und Geld organisieren könnte, wenn sie das wirklich wollte. Damit hatte ich offenbar einen Nerv getroffen, denn sie ging etwas verärgert nach Hause.

Ein paar Monate später erzählte mir meine Partnerin, Anna würde jetzt nach Peru fliegen. Sie hätte ihren Job gekündigt und offenbar auch das Geld zusammen. Ich war positiv überrascht. Das hatte ich tatsächlich nicht erwartet. Vor allem nicht so schnell.

Nach vier Monaten kam sie wieder zurück und besuchte uns. Ich konnte mir eine zynische Nachfrage nicht verkneifen und fragte: „Na, gab es keine freien Heiler-Jobs in Peru?"

Sie lachte und meinte, es war offenbar ein unrealistischer Traum. Doch das zu erkennen war ihr erst möglich, indem sie die Reise machte.

Sie hat dafür ein schönes Bild genutzt: „Für mich war Peru immer mein Lebenstraum. Die eine Sache, die ich unbedingt in meinem Leben machen wollte. Heute weiß ich, es war eine Schatztruhe, auf der Peru draufstand. Als ich sie öffnete, war da nur eine Decke mit der Aufschrift Peru. Nachdem ich sie hochhob, fand ich darunter viele kleine Träume. Die werde ich jetzt nach und nach verwirklichen. Denn ich weiß ja jetzt, wie es geht."

Menschen wie Anna erinnern uns an unsere eigenen unerfüllten Träume. Und manchmal schmerzt die bittere Wahrheit, dass man zu ängstlich, zu feige oder zu unsicher ist, um den eigenen Traum wahr werden zu lassen. Dann begegnet uns ein Mensch, der für seinen Traum lebt und bereit ist, etwas dafür zu riskieren.

Wenn du deine Träume verwirklichst, zeigst du den Menschen um dich herum, dass es möglich ist. Manche fühlen sich dann als

Versager. Dafür kannst du nichts, doch sie geben dir unbewusst die Schuld. Und sie wollen sich wieder gut fühlen.

Das ist aber nur möglich, wenn du deinen Traum aufgibst oder damit scheiterst.

Diesen Gefallen solltest du ihnen nicht tun.

Investieren deine Energie nicht in Diskussionen mit diesen Menschen, investiere sie in deinen Traum.

Sehr oft haben wir uns längst entschieden, was wir machen oder nicht. Denn alles hat einen Preis, den wir bereit sein müssen zu zahlen. Manchmal ist es das Aufgeben von Bequemlichkeit oder Sicherheit, manchmal die Angst vor dem Unbekannten oder den eigenen Fähigkeiten. Wir entscheiden in jedem Fall, ob es uns das wert ist oder nicht. Auch wenn wir nicht aktiv entscheiden, haben wir uns entschieden.

Anna hatte sich entschieden und festgestellt, dass für ihr Leben dieser Traum nicht mehr wichtig ist. Sie hatte viele neue kleine Träume gefunden. Heute arbeitet sie als Motivationscoach.

Ich bin überzeugt, dass Menschen glücklicher sind, die für ihre großen und kleinen Träume leben. Sie haben mehr seelische Stabilität und sind besser in der Lage, mit Krisen und Herausforderungen zurechtzukommen.

Meide Menschen, die unglücklich in ihrer Traumwelt leben. Denn sie haben sich längst damit abgefunden, ihre Herzenswünsche vernachlässigt oder ihren Lebenstraum aufgegeben zu haben. Das darf dich nicht aufhalten, egal, wie sehr sie versuchen, dich davon abzubringen.

7 EFFEKTIVE TIPPS GEGEN SKEPTIKER UND ZWEIFLER

Mit den nachfolgenden Tipps kannst du allen Zweiflern und Skeptikern etwas entgegen-setzen. Außerdem kannst du dich selbst überprüfen, ob du dir deinen Traum wirklich erfüllen möchtest. Ich wünsche es dir. Je sicherer du auf deinem Weg bist, desto weniger schaffen es Zweifler, Schwarzmaler und Nörgler, dir deine positive Haltung zu zerstören.

1. Formuliere deinen Traum

Mache es so ausführlich wie möglich. Beschreibe ihn in den schillerndsten Farben:

„Im Sommer 2023 sitze ich in meinem Häuschen am See, die Sonne scheint, die Vögel zwitschern und ich schreibe auf dem Laptop an meinem Buch."

2. Bevor du startest, nutze eine Entscheidungsmatrix

Oder zeichne einfach nur ein Kreuz auf ein Papier mit zwei Spalten, eine für „+" und eine für „-". Was spricht für die Entscheidung und was dagegen? Dann liste alle Punkte auf, die aus deiner Sicht dafür oder dagegen sprechen. Frage gute Freunde, ob ihnen noch weitere Punkte dazu einfallen.

Diese Liste kann noch beliebig nach bearbeitet werden. Die einzelnen Punkte können gewichtet werden oder du kannst überprüfen, ob wichtige Aspekte auch realisierbar sind. Nachdem das erledigt ist: Entscheide dich!

3. Etappenziele festlegen

Wenn du das ganz große finale Ziel vor dir hast, mag das zunächst unlösbar scheinen. Du kannst dir jedoch Teilziele setzen.

Beispiel Traumhaus:

Beginne damit, in den nächsten zwei Wochen eine Marktanalyse der angebotenen Häuser durchzuführen. Was wird wo angeboten? Wie sind die Preise? Kann ich mir das leisten?

Ist dieser Schritt erfolgt und du bist weiterhin von deinem Traum überzeugt, könntest du dir in einem nächsten Schritt unverbindlich ein paar Häuser ansehen, um ein Gefühl dafür zu bekommen, wie Preis und Leistung im Realitätscheck erscheinen.

Bist du immer noch bereit, den Weg zu gehen? Dann kläre, ob und wie eine Finanzierung möglich ist. Ist das positiv geklärt, suche dein Traumhaus.

Das Gute an Etappenzielen ist, dass du immer wieder für deinen Einsatz belohnt wirst. Und du überprüfst zwischendurch, ob dein Plan funktionieren kann. Neidern und Nörglern nimmst du damit bei möglicher Kritik entspannt den Wind aus den Segeln.

4. Um Rat fragen

Manchmal hilft die beste Planung nichts – es kommt zu Problemen. Dann versuche nicht, allein damit fertig zu werden. Frage Menschen um Rat, die auch schon mal ein Haus gekauft oder renoviert haben oder ein ähnliches Problem hatten. Frage sie, was sie gemacht, wie sie die Situation gemeistert haben.

5. Fachleute einbinden

Manche Häuslebauer wollen alles selber machen, um Geld zu sparen. Oft stellt sich jedoch heraus, dass ihnen die notwendige Erfahrung fehlt und damit viele unnötige Probleme entstehen. Am Ende wird das Selbermachen teurer als die Beauftragung eines Handwerkers. Manche Aufgaben solltest du Fachleuten überlassen. Sie machen es schneller und manchmal sogar günstiger als du.

6. Routinen entwickeln

Ob du ein Häuschen renovieren willst oder ein Buch planst, schaffe dir Routinen oder Rituale. Sie vereinfachen dir die Abläufe, indem du bestimmte Reihenfolgen einhältst. Es gibt Handlungen, die machen keinen besonderen Spaß, sind aber notwendig. Erledige diese in den Zeiten, die dir am angenehmsten sind.

Ich habe zum Beispiel morgens mehr Energie für Routinearbeiten wie die Buchhaltung oder das Erledigen von Überweisungen. Nachmittags bin ich eher kreativ. Ein Treffen mit Freunden oder das Schreiben von Konzepten passt dann besser zu meiner Stimmung.

Ich befinde mich wahrscheinlich in guter Gesellschaft mit all denen, die die Steuererklärung bis zum letzten Tag vor sich herschieben. Sie muss gemacht werden und es gibt keine Alternative. Ich habe zwei Möglichkeiten: Ich lasse es machen oder mache es selbst. Ich habe mich fürs Selbstmachen entschieden, weil ich den Preis für den Steuerberater gern selbst verdienen möchte. Wenn du das nicht willst oder kannst, dann lass es jemanden machen, der es kann. Das setzt viel Lebensenergie frei.

Da ich von mir weiß, dass ich kurz vor Abgabe am effektivsten bin, plane ich in den beiden letzten Wochen vor Abgabetermin mehrere Tage ein, um die Steuererklärung fertigzustellen. Bis dahin sammle und sortiere ich einmal monatlich alles in einem Ordner. Wenn es so weit ist, hole ich den Ordner raus und fülle die Formulare aus. Selten gibt es größere Probleme, die meinen Adrenalinspiegel ansteigen lassen. Und wenn doch? Na, genau dafür mache ich es doch so spät, oder?

7. Realisiere deine Schwächen und verändere sie in deinem Sinn.

Mach dir bewusst, in welchen Bereichen oder in welchen Situationen du dich von negativ denkenden Menschen anstecken lässt. Finde heraus, was das mit dir zu tun hat. Und dann entscheide, zukünftig anders darauf zu reagieren.

Zum Beispiel verwickelt dich deine Kollegin regelmäßig in eine langwierige und fruchtlose Diskussion über ein politisches Thema. Ihr seid unterschiedlicher Meinung und eine Annäherung ist nicht zu erwarten. Trotzdem lässt du dich immer wieder dazu verführen, diese Diskussion einzugehen, weil dir das Thema wichtig ist. Insgeheim hoffst du vielleicht, sie möge deine Argumente irgendwann verstehen und ihre Meinung ändern. Lass es sein und spare dir die Energie.

Manchmal bewirkt es mehr, wenn man nicht recht haben will, denn genau das ist es. Es kann sinnvoller sein, die Diskussion zu beenden. Wenn du Dinge auf die immer gleiche Weise tust, kannst du kein anderes Ergebnis erwarten, oder? Eine andere Reaktion könnte sein, zum Beispiel freundlich zu antworten: „Lass uns dieses Gespräch beenden. Wir wissen ja beide, dass wir da nicht auf einen Nenner kommen werden."

. . .

Es gibt keinen Grund, nicht nach Glück, Zufriedenheit und Erfolg zu streben. Im Gegenteil, es gibt viele Gründe dafür: Wenn dir das Warum deines Handelns klar ist, dann kommt das Wie von selbst.

Je mehr du für dich selbst einstehst, desto widerstandsfähiger wirst du gegen negative Einflüsse in deinem Leben. Es ist dir einfach nicht mehr so wichtig. Und du kannst Anfeindungen mit Humor und Leichtigkeit antworten, weil dir nichts fehlt.

Heutzutage haben wir fast alle Möglichkeiten, das zu tun, was wir wollen. Gerade in Europa stehen uns fast alle Türen offen, um sich privat oder beruflich zu verwirklichen. Sicher, es braucht etwas Fantasie, ein wenig Durchhaltevermögen und eine gute Portion Konsequenz.

Trotzdem führen viele Menschen ein Leben mit angezogener Handbremse. Sie finden gute Gründe, warum es nicht geht. Doch es gibt nur einen Grund, warum es geht. Du willst, dass es passiert. Dann können dich weder Zweifler noch Miesmacher aufhalten.

Zieh den Kopf aus dem Sand und greif dir das schöne Leben!

Umgib dich mehr mit Menschen, die bereit sind, für ihre Träume zu leben.

ÜBUNG

Wenn du einen Tag lang nur das machen könntest, was dir guttut: Wie sähe dein Tag aus?

Nimm dir etwas Zeit dafür und ein Blatt Papier – oder dein Tagebuch.

Dann beschreibe diesen Tag in allen Einzelheiten, lasse nichts aus, schmücke den Plan aus mit allem, was dir wichtig ist. Mach deinen Plan bunt, mutig und wild.

Und dann finde eine Möglichkeit, dass er wahr wird.

11
EINE ANDERE PERSPEKTIVE EINNEHMEN

„Der Kopf ist rund, damit das Denken die Richtung wechseln kann."

— FRANCIS PICABIA

*E*ines meiner Hobbys ist das Fotografieren. Auch wenn ich in letzter Zeit nur selten dazu komme, macht es mir viel Freude. Kürzlich ist mir ein Artikel in die Hände gefallen, wie ein zu fotografierendes Objekt je nach Blickwinkel im bestmöglichen Licht erscheint.

Geht es uns nicht auch oft so, dass wir versuchen, im bestmöglichen Licht zu erscheinen? Ich bin dankbar, wenn ich im Kerzenlicht fotografiert werde, statt im grellen Küchenlicht. Dann ist mein Ansatz zum Doppelkinn nicht so deutlich sichtbar.

Ähnlich verhalten wir uns mit unseren Charaktereigenschaften. Wir zeigen am liebsten die angenehmen Anteile und verstecken die dunklen Seiten unserer Persönlichkeit. So lange es möglich ist. Wir wünschen uns, Menschen mögen uns so wahrnehmen, wie wir das gerne hätten.

Gerade Menschen, die unsere Schwächen für sich nutzen wollen, werden sich gezielt mit den ungeliebten Teilen unserer Persönlichkeit befassen. Da sind wir angreifbar, da sehen sie Vorteile für sich.

Deshalb lohnt es sich, die Sichtweisen, Ideen und Ansichten anderer Menschen anzunehmen. Das hilft dir, die eigene Wahrnehmung zu überprüfen und infrage zu stellen. Dieser Perspektivenwechsel unterstützt dich darin, deine blinden Flecken zu entdecken und weitere Handlungsalternativen zu erhalten. Auch wenn du die Ereignisse selbst manchmal nicht verändern kannst, so kannst du durch eine bewusste Reflexion deiner Wahrnehmung deine Einstellung zu den Geschehnissen verändern. Somit bieten sich dir zumindest Verhaltensalternativen.

ALLES EINE FRAGE DER PERSPEKTIVE

Hier ein paar Beispiele aus der Fotografie, die sich interessanterweise gut auf unser Thema übertragen lassen.

1. Aus der *Froschperspektive* wirkt eine Blume wie ein Urwald

Ich fühle mich ohnmächtig. Das Leben, Alltagssituationen und Menschen wirken größer als ich, allmächtig, dominant oder sogar bedrohlich auf mich. Ich fühle mich hilflos, klein und schwach.

Es kommt zu einer perspektivischen Verzerrung, die den Normalzustand negativ verstärkt. Die Bedeutung des Blicks von unten nach oben ist verbunden mit Unterwerfung oder Ehrfurcht. Es ist auch im übertragenen Sinne eine anstrengende Perspektive, weil ich mich recken und strecken sowie den Kopf nach hinten neigen muss.

Wenn du das Leben aus dieser Perspektive betrachtest, hat dein Gegenüber leichtes Spiel. Wenn du dich selbst erniedrigst, ziehst du die Energien an, die das verstärken. Du wirst Menschen treffen, die sich über dich erheben. Damit lässt du zu, dass sie dich missachten oder nicht angemessen respektieren.

2. Aus der *Vogelperspektive fühle ich mich stark und groß*

Ich habe den Überblick, die Kontrolle und kann auf andere herabblicken. Auch hier kommt es zu einer perspektivischen Verzerrung, die meine Umgebung kleiner und unwichtiger erscheinen lässt. Mich selbst vergrößert es und wertet mich auf.

Das macht meinem Gegenüber unter Umständen Angst und den Kontakt zu mir gelegentlich unerfreulich, weil meine Bedürfnisse überhöht, die der anderen herabgesetzt werden. Auch ist diese Perspektive nicht sonderlich bequem. Ich muss mich bücken oder beugen, nach unten kauern, wenn ich in Kontakt kommen will.

3. Die *Normalperspektive auf gleicher Höhe*

Dies ist die ideale Perspektive auf Menschen und Ereignisse. Sie ist erstens bequem und zweitens gut dafür geeignet, dem Umfeld ebenbürtig auf Augenhöhe entgegenzutreten. Diese Perspektive ist authentisch und offen. Ich verstelle mich nicht, ich bin, wie ich bin und mein Gegenüber sieht, was ist.

4. Die *Kreativperspektive*

In der Fotografie sind das einfallsreiche und zum Teil auch witzige Aufnahmen, zum Teil mit verschobener Perspektive.

Wie wäre es, wenn du mal eine Kreativperspektive für dein Leben einnimmst, sozusagen eine „Was-wäre-wenn-Perspektive" und diese in allen schillernden Farben ausmalst?

Im Rahmen eines Firmenseminars habe ich dieses Konzept kennengelernt. Wir hatten die Aufgabe, unsere üblichen Lebensziele und Werte ins Gegenteil zu verwandeln und daraus einen positiven Lebensentwurf zu entwickeln. Am Ende sollten sich alle Teilnehmenden präsentieren und die eigene Rolle überzeugend vertreten.

Da ich eher gesetzestreu und ehrlich bin, habe ich mich entschieden, Mafiaboss zu sein und habe diese Rolle mit viel Leidenschaft beschrieben und ausgefüllt. Es war ziemlich aufregend, mir das vorzustellen: Ich verschiebe Waffen, lasse Leute umbringen, die mir nicht passen und nutze dafür ein Heer Untergebener, die alles tun, was ich sage.

Na ja, das war eine interessante Fantasie. Doch auf Dauer wäre mir das zu anstrengend und ich hätte Panik, im Gefängnis zu landen. Dieses paradoxe Verhalten hat mich allerdings darin bestätigt, dass ich ganz zufrieden bin, gesetzestreu und ehrlich zu sein. Der Preis für das Leben eines Mafiabosses wäre mir zu hoch.

5. *Panoramaperspektive* oder *„Totale"*

Das Panorama vermittelt einen Gesamtüberblick über die ganze Szene und bietet eine räumliche Orientierung. In der Psychologie ist das die Metaebene. Wie wäre es, wenn

du dein Leben mal aus dieser Perspektive betrachtest? Was fällt dir auf? Wie ist dein Leben in der Gesamtschau? Bist du mit dem Ergebnis zufrieden? Gibt es Dinge, die du gerne noch machen oder die du aus deinem Leben entfernen möchtest? Manchmal können Freunde helfen, diesen Blickwinkel zu verfeinern.

6. Bauchnabelperspektive

Wie geht es mir? Was fühle ich? Was brauche ich? Das sind die Fragen aus der Bauchnabelperspektive: Meine tiefsten und innersten Bedürfnisse wahrzunehmen und sie zu erfüllen, ist genauso wichtig, wie für mein Umfeld da zu sein.

Manchmal ist es hilfreich, die Perspektive zu wechseln. Nicht nur in der Fotografie, auch im Leben. Deshalb nimm dir hin und wieder etwas Zeit, eine negative Situation aus der Sicht deines Gegenübers zu sehen. Sei empathisch und versuche nachzuvollziehen, warum andere so negativ sind.

Vielleicht stellst du fest, dass dein Chef auf dich so genervt reagiert hat, weil er permanent unter Strom steht. Vielleicht läuft das Geschäft gerade schlecht oder er hat private Probleme. Das ist zwar keine Entschuldigung oder Rechtfertigung für respektloses Verhalten.

Doch du hast dann vielleicht mehr Toleranz und kannst Reaktionen an dir abprallen lassen, weil sie ja vermutlich nichts mit dir zu tun haben. Damit kannst du dich etwas abgrenzen und es an dir vorbeiziehen lassen.

Wenn Freunde dir gegenüber ein solches Verhalten zeigen, sprich sie direkt an und biete deine Unterstützung an, wenn gewünscht. Vielen ist gar nicht bewusst, dass andere sehen, wie schlecht es ihnen geht. Sie bemühen sich intensiv, sich nichts anmerken zu lassen. Wenn du das ansprichst, kann das die Anspannung lösen.

Wenn du von Fremden ungerecht kritisiert oder sogar beleidigt wirst, gehe davon aus, dass es nur in den wenigsten Fällen etwas mit dir zu tun hat. Dein Gegenüber äußert wahrscheinlich auf diese Weise die eigene Unzufriedenheit. Auch hier kann es sinnvoll sein, wenn du Rücksicht nimmst und dich empathisch zeigst. Es macht die Sache für dich vielleicht nicht weniger nervig, aber vermutlich kannst du sowieso nichts ändern.

Vor Kurzem hatte ich solche eine Begegnung der besonderen Art beim Einkaufen an der Kasse. Ich wollte zahlen, da kommt mir der hinter mir stehende Kunde auf 50 cm nahe.

Ich bat darum, Abstand zu halten, da ich gern ungestört meine PIN-Nummer eingeben wollte. Er explodierte geradezu und baute sich vor mir auf: „Hast du ein Problem?" Ich betone: „Ich möchte unbeobachtet meinen Pin eingeben, und außerdem bitte ich Sie, etwas Abstand zu wahren."

Das machte ihn noch wütender, und er antwortete: „Geht's noch? Ständig meckert einer an mir herum, tu dies nicht, mach das nicht. Und jetzt kommst du daher, ich solle dir nicht so auf die Pelle rücken?" Ich meinte nur: „Bitte halten Sie einfach Abstand, damit ich meine Geheimzahl eintippen kann." Und wartete, bis er das nach einigem Zögern tat.

Mehr habe ich nicht gesagt. Allerdings war mein kleines Streitteufelchen kurz davor, zu sagen: „Es wäre mir tendenziell immer lieber, dass Sie viel Abstand zu mir halten. Sie haben eine furchtbare Ausstrahlung." Ich habe mir aber auf die Zunge gebissen, und das sicherheitshalber nur gedacht, sonst wäre es wahrscheinlich eskaliert.

Da ich diesen Menschen nie zuvor gesehen habe und ich ihm auch keinen Anlass gegeben habe, was ihn so wütend machen könnte, kann ich sein Verhalten nur über einen Perspektivenwechsel interpretieren. Statt mich über sein Verhalten zu ärgern und vielleicht auch aggressiv zu reagieren, habe ich mir überlegt, was ihn zu dem Verhalten gebracht haben könnte: Allgemeine Unzufriedenheit, vielleicht Stress mit der Partnerin, Jobverlust oder Ähnliches.

Ich habe keine Ahnung und es ist mir im Grunde auch egal. Trotzdem hat er sein Ziel erreicht, wahrgenommen zu werden und negative Zuwendung zu erhalten. Denn ich habe noch eine ganze Weile über die Situation nachgedacht. Wie schon früher erwähnt: Manche Menschen haben lieber negative Aufmerksamkeit als gar nicht gesehen zu werden.

Eine unreflektierte Sichtweise, kombiniert mit einem passiven Verhalten, kann dazu führen, dass du dich in so einer Situation als Opfer fühlst und die möglichen Optionen übersiehst. Dieser Mensch hat versucht, seine schlechte Laune auf mich übertragen. Doch dass das hat nichts mit mir zu tun. Ich kann entspannt nach Hause gehen und fühle mich weder verantwortlich noch schuldig.

Wie du siehst, lohnt sich ein gelegentlicher Perspektivenwechsel, um die eigene selektive Wahrnehmung, Einstellung und Sichtweise auf die Probe zu stellen. Und du lernst dadurch, ein Gefühl für die Verhaltensweisen anderer zu entwickeln. Das schützt dich eher vor unerwarteten Reaktionen, da du sie schneller wahrnimmst.

ÜBUNG

Die Flexibilitätsübung der fünf Ecken dient dir dazu, bestimmte Erfahrungen aus verschiedenen Blickwinkeln zu beleuchten und daraus vielleicht neue Einsichten zu bekommen.

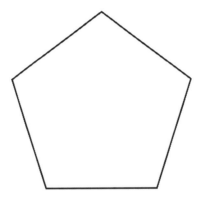

Nimm dir ein Blatt Papier und einen Stift und male ein Fünfeck auf. Dann erinnere dich an irgendeine Erfahrung dieses Tages und gehe mit ihr durch die fünf Ecken. Schreibe deine Antworten in die fünf Ecken und schaue es dir an.

Was fällt dir auf?

- 1. Ecke: Was ist das Gute an dieser Erfahrung?
- 2. Ecke: Was ist das Schlechte an diese Erfahrung?
- 3. Ecke: Was ist das Humorvolle oder Witzige an dieser Erfahrung?
- 4. Ecke: Wie müsste ich es sehen, damit diese Erfahrung völlig bedeutungslos wird?
- 5. Ecke: Welches noch nicht ausgeschöpfte Potenzial liegt in dieser Erfahrung? Worüber habe ich in Bezug auf diese Erfahrung noch nie nachgedacht?

KLEINE UND EINFACHE REZEPTE FÜR DEN ALLTAG

„Es ist nicht genug, zu wissen, man muss auch anwenden.
Es ist nicht genug, zu wollen, man muss auch tun."

— JOHANN WOLFGANG VON GOETHE

---

ie angekündigt, folgen hier ein paar einfache Strategien, um Negativität aus deinem Leben zu verbannen. Einige Dinge zu lassen oder andere aktiv anzugehen, wird dich darin unterstützen, in Zukunft mehr der positiven und weniger der negativen Erfahrungen in deinem Leben zu haben.

DIESE DINGE SOLLTEST DU LASSEN...

1. Lüge nicht

Lügen machen dir das Leben schwerer, weil du stets besorgt sein musst, ob die Wahrheit herauskommt. Das verursacht Stress und

Schuldgefühle. Und es schwächt dein Selbstwertgefühl. Das bedeutet jedoch nicht, dass du immer alles sagen musst, was dir gerade in den Sinn kommt.

In einer sozialen Gemeinschaft gelten (Not)Lügen als akzeptabel, doch das hat einen Preis. Du und die Menschen um dich herum sollten es dir wert sein, wann immer möglich, ehrlich zu sein.

2. Vergleiche dich nicht mit anderen

Sich mit anderen Menschen oder mit deren Leistungen zu vergleichen ist menschlich. Es gibt uns Orientierung in einer unübersichtlichen Welt. Aber wir Menschen bestehen aus mehreren Facetten und leben mit unterschiedlichen Prioritäten. Das macht es schwierig, einen wirklichen Vergleich herzustellen.

Es gibt immer jemanden, der mehr Geld hat, intelligenter, attraktiver oder mutiger ist als du. Wenn du dich nur auf einen Aspekt konzentrierst, wirst du dich vielleicht ohne Not minderwertig fühlen. Besser wäre es, dich auf dich selbst zu konzentrieren. Denn Selbstwertgefühl und Anerkennung bekommst du zunächst nur aus dir selbst. Die Anerkennung von außen ist dann ein möglicher Bonus.

3. Beklage dich nicht

Wenn du Meckern oder Jammern willst, wirst du auch etwas finden: das Wetter, den Verkehr, den Job, den Chef, die Politik. Mein Gefühl ist, wir Deutschen sind besonders gut darin. Es ist fast ein Volkssport.

Doch das Problem beim Meckern ist: Es verbessert nicht deine Stimmung. Im Gegenteil, Meckern produziert negative Energie.

Manchmal dauert es eine Weile, schlechte Angewohnheiten abzulegen. Wenn du also in Zukunft feststellst, dass du gerade meckerst, dann frage dich, wie sinnvoll das jetzt ist.

Statt dich zu beklagen, überlege dir, wie du zu einer Verbesserung der Situation beitragen oder deine Kollegin unterstützen kannst. Wahrscheinlich tun andere auch nur ihr Bestes, um gut durchs Leben zu kommen.

4. Erfinde keine Probleme

Wir Menschen sorgen uns um alles Mögliche. Doch die meisten unserer Sorgen werden niemals Realität. Sie sind also Energieverschwendung.

Wenn du dich das nächste Mal dabei ertappst, wie du dich um konstruierte Probleme sorgst, frage dich, ob du aktiv etwas dagegen tun kannst. Wenn ja, plane es. Wenn nicht, akzeptiere, was du nicht ändern kannst.

Und wenn du dich sorgst, weil du nicht weißt, was auf dich zukommt, frage dich, was wäre das schlimmste zu erwartende Ergebnis? Dann bereite dich auf den Worst Case vor. Überlege, was du tun kannst, um ein besseres Ergebnis zu erzielen. Jetzt kann es nur noch besser werden.

… UND DIESE DINGE SOLLTEST DU TUN!

1. Übernimm Verantwortung für deine Worte und Taten

Suche nicht die Schuld bei anderen. Wenn die Verantwortung nicht bei dir liegt, sprich mit der Person, die etwas ändern kann. Wenn du heute mit dir oder deinem Leben unzufrieden bist, dann verändere es. Durch Inaktivität wird es schlimmer.

Sei bereit, Verantwortung für deine Probleme und dein Leben zu übernehmen. Gib deine Lethargie auf und stopp diese Entwicklung. Verantwortung zu übernehmen ist einer der wichtigsten Schritte weg von der Negativität. Es liegt in deiner Verantwortung, negative Medien zu meiden, toxischen Menschen aus dem Weg zu gehen oder dich vor den Verlockungen von Jammern, Streit und unangenehmen Situationen zu bewahren.

2. Betrachte Nörgeln oder Jammern als eine persönliche Meinung

Jeder Mensch hat das Recht auf seine eigene Meinung und Sichtweise. Diese ist abhängig von seinen Erwartungen und seiner momentanen Stimmung. Du entscheidest jedoch, was du in deinem Leben haben möchtest. Es macht keinen Sinn, über eine Meinung zu streiten. Beende das Gespräch freundlich, aber bestimmt. Wenn das nicht hilft, sende ein deutliches Stopp-Zeichen, indem du zum Beispiel sagst „Wenn dich das so stört, dann verändere es. Wenn du meine Unterstützung brauchst, sag mir wie."

3. Wachse und verbessere dein Selbstwertgefühl

Negativität hat oft die Ursache in einem schwachen Selbstwertgefühl. Ein Mensch, der sich selbst nicht für wertvoll hält, ein glückliches Leben zu führen, der neigt stärker zu negativen Gefühlen. Ein geringer Selbstwert erlaubt eher Gefühlen wie Neid, Hass, Angst, Sorge, Minderwertigkeit oder Hilflosigkeit.

Das Gefühl von Selbstwert erwerben wir nur durch persönliches Wachstum. Wer seine Talente, Interessen und Neigungen auslebt, erlebt mehr Freude bei der Arbeit, hat das Gefühl erfüllter Lebenszeit und erwirbt schneller und müheloser das notwendige Wissen. Der Weg dorthin wird begleitet durch Ehrlichkeit, Fairness, Selbstverantwortung, Begeisterung und einen gesunden Lebensstil.

4. Lebe achtsam im Hier und Jetzt

Dein Leben findet nicht in der Vergangenheit und nicht in der Zukunft statt, sondern hier und jetzt. Der beste Weg, sich auf die Zukunft vorzubereiten, ist heute ein gesundes Leben zu leben und die bestmögliche Arbeit zu verrichten. Wenn du dich heute bemühst, kann morgen ruhig kommen.

Um sich nicht unnötig mit den Problemen von gestern oder den Sorgen vor morgen zu belasten, übe Achtsamkeit für das Hier und Jetzt. Wenige Minuten am Tag genügen schon, um ich wieder mit dem hier und heute zu verbinden. Meditation kann da helfen, aber auch kurze Momente des In-sich-Ruhens reichen dafür schon aus. Gönne dir das.

Die dadurch frei werdende Energie nutzt du für die Dinge, die dir wichtig sind. Konzentriere dich auf die positiven Seiten des Lebens, und du wirst mehr Positives erleben.

Zuletzt möchte ich noch auf den gesundheitlichen Nutzen hinweisen. Regelmäßige Studien bestätigen den Zusammenhang zwischen positiver Lebenseinstellung und gutem Gesundheitszustand.

Das liegt wohl vor allem daran, dass Optimisten grundsätzlich davon ausgehen, dass schon alles gut gehen wird. Sie rechnen nicht von vornherein mit dem Schlimmsten.

Damit profitieren sie in vielerlei Hinsicht. Neueste wissenschaftliche Erkenntnisse bestätigen die äußerst positiven Auswirkungen einer optimistischen Lebenseinstellung auf den menschlichen Organismus: Neben vielen gesundheitlichen

Aspekten erhöht Optimismus die allgemeine Lebenserwartung, schützt vor Erkältungen, verbessert das physische und psychische Wohlbefinden und macht insgesamt stressresistenter.

Positives Denken hat also zahlreiche Vorteile für die Gesundheit und ist obendrein auch noch für jeden erlernbar.

Dr. Elise Kalokerinos und ihr Team an der australischen University of Queensland fanden heraus, dass mit positivem Denken auch wunderbar das Immunsystem gestärkt werden kann. In einer wissenschaftlichen Studie mit fünfzig Teilnehmern im Alter von fünfundsechzig bis neunzig Jahren durch. Den Testpersonen wurden Fotos mit angenehmen oder unangenehmen Motiven gezeigt, an die sich die Teilnehmenden später erinnern sollten. Während des Testzeitraums nahmen die Forschenden ihnen Blut ab. Die Teilnehmenden, die sich vorwiegend an angenehme Bilder erinnerten, hatten mehr Antikörper im Blut und damit ein stärkeres Immunsystem.

ÜBUNG

Dies ist eine kurze Anleitung, wenn du einem Streit aus dem Weg gehen möchtest:

5 goldene Regeln, wie du richtig mit negativen Menschen umgehst

Empathie	Distanziere dich innerlich	Setze klare Grenzen	Erwarte nichts	Vermeide Streit
· Mitgefühl für dein Gegenüber · Befreie DICH durch Vergebung	· Das ist nicht deine Schuld · Anerkennung der Gefühle, aber sie nicht zu eigen machen	· Festlegen, wo deine „Rote Linie" verläuft · Wenn nötig, entferne dich von der Person	· Keine Veränderung erwarten · Keine wertvolle Zeit und Energie vergeuden	· Destruktives Verhalten umschiffen · Begebe dich nicht in eine Konflikt-situation

DIE 60 SEKUNDEN-BEWERTUNG

Sollte dir das Buch gefallen haben, wäre ich (und die vielen anderen Menschen, die wie du, auch auf der Suche nach ein wenig mehr Glück im Leben sind) dir unendlich dankbar, wenn du dir ganz schnell 60 Sekunden Zeit nehmen würdest und eine kurze Bewertung auf Amazon hinterlässt.

Du hilfst dabei, mehr Menschen auf die positive Lebensweise aufmerksam zu machen. Wollen wir nicht alle mehr positive Menschen in unserem Umfeld?

Gib einfach den folgenden Link in die Adressleiste deines Browsers ein oder nimm dein Handy und halte die Fotokamera auf diesen QR-Code:

https://amazon.de/review/create-review?&asin=1955763305

Über den Link kommst du direkt zur Bewertungsseite.

Vielen Dank!

ZUSAMMENFASSUNG

„Es gibt nur einen Menschen auf der Welt, der dich wirklich glücklich machen kann. Es gibt nur einen Menschen auf der Welt, der dich wirklich unglücklich machen kann. Wie wäre es, wenn du diesen Menschen etwas besser kennenlernen würdest? Als Anfang: Stell dich mal vor den Spiegel, lächle und sage: ‚Hallo!'"

— KEN KEYES

Negativität erhält unsere volle Aufmerksamkeit. In den Medien und den sozialen Netzwerken sind hohe Einschaltquoten bei negativen Nachrichten eher garantiert.

Für die positiven Dinge sind unsere Sinne weniger geschärft. Das ist auch kein Wunder, denn in der Natur schützen wir uns so vor den Gefahren der Wildnis. Das ist in unseren Genen verankert. Doch das Leben ist nicht mehr so gefährlich. Wir müssen nicht mehr vorm Säbelzahntiger flüchten.

Die meisten natürlichen Gefahren sind aus unserem Alltag verschwunden. Nun leben wir so sicher wie nie zuvor – und widmen uns immer noch den negativen Dingen. Dabei ist Negativität wirklich ... negativ! Sie fühlt sich mies an, macht uns unglücklich und langfristig sogar krank.

Sie schürt das Misstrauen gegenüber unseren Mitmenschen und hält uns davon ab, unser Potenzial zu nutzen und zu entfalten. Und sie vermehrt sich, je mehr wir uns damit befassen: Worauf wir uns konzentrieren, wird zu unserer Realität.

Das Gesetz der Anziehung geht davon aus, dass Gleiches Gleiches anzieht. Des weiteren geht es davon aus, dass deine Gedanken und Gefühle deine Realität bestimmen. Negative Gedanken und eine negative Haltung bedeuten demnach, dass du Negativität anziehst.

Auch wenn negative Gedanken und Erfahrungen nicht ganz zu vermeiden sind, solltest du ihnen nicht zu viel Raum geben. Du solltest wohlüberlegt entscheiden, wonach du handelst. Denn mit deinen Handlungen formst du jeden Tag die Welt, in der du lebst.

Wenn du unangenehme oder negative Begegnungen nicht vermeiden kannst, begegne ihnen mit Wachsamkeit und hilfreichen Strategien.

Und lass dir niemals den Mut nehmen! Angst und Negativität sind immer nur so groß, wie du es ihnen erlaubst.

Natürlich ist es nicht immer einfach, positiv zu denken oder zu handeln. Niemand kann den ganzen Tag lang dauergrinsend wie ein Honigkuchenpferd durch die Gegend laufen. Das ist auch nicht notwendig.

Doch wichtig ist eine Erkenntnis: Wie viel Positives wird dir wohl widerfahren, wenn du mit einer negativen Haltung durch die Welt gehst? Wie erfolgreich wirst du sein, wenn du sagst „Ich gebe auf"? Wir können im Leben nur gewinnen, wenn wir optimistisch und positiv das Leben annehmen.

Vielleicht inspiriert es dich auch, dass du mit einer positiven Lebenshaltung dein Leben verlängerst, ganz abgesehen davon, dass es glücklicher wird.

Es gibt diesen alten Spruch, der hier jedoch wunderbar passt, allerdings in etwas abgewandelter Form:

„Für die einen ist das Glas halb voll, für die anderen ist das Glas halb leer. Die Welt gehört jedoch jenen, die das Glas anschauen und sagen:

‚Was ist mit dem Glas los? Entschuldigen Sie? Entschuldigen Sie? Das soll mein Glas sein? Mein Glas war voll! Und es war größer!'"

Das klingt gut, oder? Positiv zu sein, bedeutet, eher zu gewinnen. Negatives Denken führt eher zu Niederlagen und manchmal müssen wir Dinge einfach nehmen, wie sie sind, ohne Wenn und Aber.

Wenn Menschen in deinem Umfeld zukünftig negativ sind und dich das belastet, bist du dem nicht mehr ausgeliefert. Mit den beschriebenen Strategien und Methoden habe ich dir hoffentlich Wege aufzeigen können, was du in den jeweiligen Situationen tun kannst, um dir deine positive Grundstimmung zu erhalten.

Doch es liegt auch an dir. Orientiere deinen eigenen Fokus eher darauf, das Positive zu fördern und das „Schlechte" bei anderen wie ihre negative Einstellung abzuwehren. Entziehe dem Negativen die Aufmerksamkeit, indem du die positiven Aspekte einer Situation oder eines Menschen hervorhebst: „Wie schön, dass dir das Essen heute so gut schmeckt!" Oder „Es freut mich, dass dir der gemeinsame Abend so gut gefallen hat!"

Wenn du bereit bist, dich auf das Positive zu konzentrieren, wird dein Gegenüber sich in deiner Nähe sicher fühlen. Damit baust du eine vertrauensvolle Atmosphäre auf für bessere Gespräche über echte Inhalte.

Wenn dein Verhalten zu nichts führt und du eine negative Einstellung als extrem belastend empfindest, beende die Situation.

Entweder du sprichst das Thema offen und konstruktiv an: „Ich habe den Eindruck, du bist sehr oft genervt von verschiedenen Situationen. Woran könnte das liegen?" oder „Es zieht mich ehrlich gesagt runter, wenn du dich jeden Tag über ... aufregst. Ich würde mir wünschen, dass das Thema nicht mehr so sehr unsere Gespräche dominiert." Damit kannst du einen Austausch darüber in Gang setzen. Und wenn du deinem Gegenüber wichtig bist, wird das auch erfolgreich sein. Oder du bittest darum, das Thema mit dir nicht mehr zu besprechen.

Also lass dich niemals herunterziehen oder entmutigen. Bemühe dich, einen positiven Einfluss auf dein Umfeld zu nehmen. Manchmal ist es leichter, mit der Negativität anderer umzugehen, wenn du ihre Hintergründe verstehst. Manchmal musst du den Kontakt einzuschränken oder gar beenden, um dich selbst zu schützen. Wie du dich letztendlich entscheidest, liegt ganz bei dir.

Generell empfehle ich, negative Leute aus deinem Leben zu streichen. Zumindest, wenn du unter ihrem Verhalten leidest. Wenn es sich aber um ein Familienmitglied handelt, das man nicht so einfach verlassen kann, ist es wichtig, sich wenigstens eine geeignete Strategie zurechtzulegen, um bestmöglich mit diesem negativen Menschen umzugehen.

Die meisten Menschen sind eher gut als schlecht und damit eher positiv als negativ.

Ganz oft ist das aber unter einem Haufen Angst und Unsicherheit verschüttet. Wenn du andere oder dich selbst abwertest, wirst du dich langfristig nicht gut fühlen.

Je weniger Energie du dem Kritisieren oder Abwerten gibst, desto mehr steht dir für dein eigenes Wachstum zur Verfügung. Mit der Perspektive auf das Positive eröffnest du dir einen größeren Gestaltungsspielraum. Nutze diese Chance auf mehr Zufriedenheit mit dir und mit deinen Beziehungen.

Ich hoffe, dass dieses Buch dir in Zukunft dabei helfen wird, mit den negativen Menschen und Ereignissen deines Lebens unbeschwerter umzugehen.

Es gibt die dir Freiheit der Entscheidung, ob du dich von Negativem nach unten ziehen lässt oder dem Positiven eine Chance gibst, dich zu überraschen. Probiere es aus und sei ein Vorbild für andere – denn auch Positivität ist ansteckend!

DEIN KOSTENLOSES DANKBARKEITSTAGEBUCH

„NICHT DIE GLÜCKLICHEN SIND DANKBAR. ES SIND DIE DANKBAREN, DIE GLÜCKLICH SIND!"

Francis Bacon

Nur ein paar Minuten täglich, für ein glücklicheres und erfolgreicheres Leben. Lade dir hier (als Gratis Bonus, exklusiv für Leser von Johannes Freitag's Büchern) dein KOSTENLOSES Dankbarkeitstagebuch herunter:

www.johannes-freitag.de/dankbarkeitstagebuch

Öffne ganz einfach deine Handkamera-App und richte den Fokus auf den QR code

JOHANNES FREITAG

ÜBER DEN AUTOR

Homepage:

www.johannes-freitag.de

Exklusive Facebook-Gruppe:

www.facebook.com/groups/positivdenkengluecklichleben

Amazon-Autorenseite inklusive aller weiteren Bücher:

www.amazon.de/Johannes-Freitag/e/B08YMR6F3Y

*Einfach QR Code scannen mit der Kamera-Funktion
deines Handys und auf den Link klicken, um die anderen,
großartigen Bücher von Johannes zu entdecken*

Bei Fragen, Lob, Anregungen oder Verbesserungsvorschlägen
gerne unter folgender E-Mail-Adresse melden:
kontakt@johannes-freitag.de

LITERATURVERZEICHNIS

EINLEITUNG

https://www.ruv.de/presse/aengste-der-deutschen/grafiken-die-aengste-der-deutschen (abgerufen 22.12.2021)

KAPITEL 1

https://www.welt.de/print-welt/article203731/Evolutionsforscher-Die-Angst-vor-der-Bestie-bestimmt-uns-Menschen-bisheute.html abgerufen (14.12.2021)

Stefan Klein "Die Glücksformel", 2013

https://www.knkx.org/2019-05-13/we-gossip-about-52-minutes-a-day-that-may-not-be-as-toxic-as-it-sounds (abgerufen 06.12.21)

https://chrisbloom.de/blog/mit-negativen-menschen-umgehen/ (abgerufen 06.12.21)

https://www.dasgehirn.info/denken/im-kopf-der-anderen/spieglein-spieglein-im-gehirn (abgerufen 09.12.21)

Anthony Robbins: Das Robbins Power Prinzip: Befreie die innere Kraft, 2004

Who Gossips and How in Everyday Life? Megan L. Robbins, Alexander Karan, First Published May 2, 2019 Research Article

https://doi.org/10.1177/1948550619837000   (abgerufen 10.12.2021)

https://www.dieterjakob.de/negative-schlechte-adjektive-eigen schaften-menschen/ (abgerufen 10.12.2021)

KAPITEL 2

Paul Watzlawick, Man kann nicht nicht kommunizieren, 2011

Paul Watzlawick, Wie wirklich ist die Wirklichkeit?: Wahn, Täuschung, Verstehen, Neuauflage 2021

KAPITEL 3

Christoph Besemer, Mediation – Vermittlung in Konflikten, 8. Aufl. 2001

Eric Berne, Spiele der Erwachsenen – die Psychologie der menschlichen Beziehungen, 2002

Eric Berne, Was sagen Sie, nachdem Sie guten Tag gesagt haben, 1983

https://www.transaktionsanalyse-online.de/psychologische-spiele/ (abgerufen 19.12.2021)

https://arbeitsblaetter.stangl-taller.at/KOMMUNIKATION/Trans aktionsanalyse-Spiele-Erwachsenen.shtml

Stangl, W. (2022). *Transaktionsanalyse- Anwendungsbereiche.* [werner stangl]s Arbeitsblätter (abgerufen 06.1.22)

KAPITEL 4

Friedemann Schulz von Thun, Miteinander reden 1 , Störungen und Klärungen: Allgemeine Psychologie der Kommunikation, 1981

https://www.schulz-von-thun.de/die-modelle/das-kommunikati onsquadrat (abgerufen 19.12.2021)

https://www.weka.ch/themen/fuehrung-kompetenzen/mitarbeiter fuehrung/mitarbeitergespraeche/article/konfliktpraevention-vermeidung-von-konflikten-beim-mitarbeitergespraech/ (abgerufen 04.12.2021)

KAPITEL 5

https://einfachachtsam.de/geschichte-zwei-woelfe/ (abgerufen 04.12.2021)

John Sanford, Unsere unsichtbaren Partner, 2014

https://www.landsiedel-seminare.de/nlp-bibliothek/nlp-master/ m-02-00-glaubenssaetze.html (abgerufen 08.12.2021)

https://roadheart.com/negative-glaubenssaetze/

KAPITEL 6

https://sgbs.ch/publication/die-relevanz-sozialer-verantwortung-in-unternehmenskulturen-im-kontext-der-gesellschaftlichen-werteentwicklung/2-2-5-selbst-und-fremdwahrnehmung (abgerufen 30.12.2021)

KAPITEL 7

Ron Smotherman, Drehbuch für Meisterschaft im Leben, Neuauflage 2019

https://blog.hubspot.de/service/eskalationsstufen (abgerufen 07.01.2022)

https://www.gluecksdetektiv.de/selbstfuersorge/ (abgerufen am 22.12.2021)

https://www.euro.who.int/__data/assets/pdf_file/0006/404853/MNH_FactSheet_DE.pdf (abgerufen 22.12.2021)

https://der-prozessmanager.de/aktuell/wissensdatenbank/paretoprinzip (abgerufen 22.12.2021)

KAPITEL 8

7 Arten von negativen Menschen und wie du mit ihnen umgehst: https://www.youtube.com/watch?v=RxpTqpxJ2_c (abgerufen 21.12.2021)

https://www.focus.de/wissen/mensch/psychologie/psychologie-mit-ilona-buergel-das-3-1-prinzip-das-ist-die-formel-fuer-ein-glueckliches-leben_id_6090976.html (abgerufen 21.12.2021)

https://arbeits-abc.de/negativitaet/ (abgerufen 21.12.2021)

https://www.ucl.ac.uk/news/2020/jun/repetitive-negative-thinking-linked-dementia-risk (abgerufen 30.12.2021)

https://kress.de/news/detail/beitrag/141038-job-kolumne-positiv-bleiben-in-einer-negativen-welt.html (abgerufen 04.12.21)

https://www.stagement.com/blog/tipps-fuer-den-umgang-mit-schwierigen-menschen/ (abgerufen 17.12.2021) https://wertvoll-blog.de/2015/09/16/energierauber-meine-tipps-zum-umgang/ (abgerufen 17.12.2021)

KAPITEL 9

Ken Keyes, Das Leben genießen trotz allem, 1986

https://www.welt.de/wissenschaft/article181458644/Zufrieden
heit-Warum-will-man-immer-das-was-man-nicht-hat.html (abgerufen 06.12.2021)

https://www.wissensagentur.net/wieso-du-der-durchschnitt-der-5-menschen-bist-mit-denen-du-die-meiste-zeit-verbringst-und-was-das-fuer-dich-bedeutet-2821.html (abgerufen 25.12.2021)

https://krankenhausberater.de/impuls/news/salutogenese-verste
hen-bewaeltigen-sinn-finden/ (abgerufen 04.12.2021)

Veit Lindau, Seelengevögelt, 5. Aufl., 2016

KAPITEL 10

https://www.aerzteblatt.de/nachrichten/123573/Studien-Stress-und-psychische-Probleme-haben-in-der-Pandemie-zugenommen (abgerufen 14.12.2021)

https://gedankenwelt.de/lebe-deine-traeume-mit-offenen-augen/ (abgerufen 25.12.2021)

Übung 5-Ecken-Perspektiven: Concendo.de/Adventskalender (abgerufen 14.12.2021)

KAPITEL 11

https://www.pixolum.com/blog/fotografie/8-kamera-perspekti
ven-fuer-die-optimale-bildwirkung (abgerufen 14.12.2021)

https://www.dein-fussabdruck.de/wie-du-inmitten-negativer-menschen-positiv-bleibst/ (abgerufen 12.12.2021)

Martina Kockler, Work-Life-Balance, 2011

KAPITEL 12

www.chrisbloom.de/blog

https://www.zentrum-der-gesundheit.de/bibliothek/ratgeber/lebenshilfe/positives-denken-haelt-gesund-ia   (abgerufen 02.01.2022)

ZUSAMMENFASSUNG

https://blog.iie-systems.de/bewusstsein-und-wahrnehmung/ (abgerufen 02.01.2022)

Impressum:

Herausgeber:

Orange Orchard LLC

30 N Gould St Ste R

Sheridan, WY 82801

USA

1. Auflage

Das Werk, einschließlich seiner einzelnen Teile, ist urheberrechtlich geschützt. Jegliche Verwertung ist ohne Zustimmung des Rechteinhabers unzulässig. Dies gilt insbesondere für die elektronische oder sonstige Vervielfältigung, Übersetzung, Verbreitung und öffentliche Zugänglichmachung.

Rechtlicher Hinweis:

Wir weisen darauf hin, dass wir keinerlei Therapieberatung erbringen. Die geschilderten Methoden und Schilderungen wurden teilweise zur besseren Verständlichkeit und Veranschaulichung vereinfacht dargestellt. Alle von uns erteilten Ratschläge fußen ausschließlich auf persönlicher Erfahrung und Meinung. Auch, wenn wir jede Empfehlung mit größtmöglicher Sorgfalt und umfangreicher Recherche entwickelt und fortlaufend kritisch hinterfragt haben, können wir hierfür keinerlei Gewähr bieten. Gleiches gilt auch für die Vollständigkeit und Richtigkeit der dargestellten Inhalte. Die erteilten Ratschläge können ferner auch keine fundierte und auf den individuellen Einzelfall zugeschnittene Beratung ersetzen. Wir können daher weder eine Erfolgsgarantie, noch eine Haftung für eventuelle Folgen ihrer Anwendung übernehmen.

Printed in Poland
by Amazon Fulfillment
Poland Sp. z o.o., Wrocław
12 October 2023

e8318b60-f6e2-4dde-bc89-0ad62a6fe407R01